Catherine Guennec

Petite anthologie de contrepèteries littéraires

FIRST
ÉDITIONS

ISBN : 978-2-412-08005-4
Dépôt légal : mai 2022
Imprimé en France par Normandie Roto Impression s.a.s. (2201539)

Correction : Anne-Lise Martin
Maquette intérieure : KN Conception

Éditions First, un département d'Édi8
92, avenue de France
75013 Paris
France
Tel. : 01 44 16 09 00
Fax : 01 44 16 09 01
Email : firstinfo@efirst.com
Site internet : www.lisez.com

« La contrepèterie possède l'insigne vertu de maintenir la création poétique en état de révolution permanente. Elle ne respecte aucun des déséquilibres établis, disloque les vocables, jongle avec les syllabes et donne toutes leurs chances d'évasion à chacune des lettres de l'alphabet. »

Yvan Audouard, Préface du *Manuel de contrepet, l'art de décaler les sons*, de Joël Martin, Albin Michel, 1986

« La contrepèterie est une danse élégante sous les apparences d'un procédé mécanique d'échange de phonèmes seuls ou groupés. [...] Jeu d'humour, camouflage subtil de grivoiserie ou de satire, la contrepèterie fait de belles embardées [...]. »

Christian Moncelet, *La Grammaire parallèle*, Chiflet & Cie, 2012

« Il y a plus de force persuasive et de piment dans certains divertissements sémantiques que dans l'emploi sec et traditionnel des mots et des formules. »

Léon-Paul Fargue, grand amoureux des mots et des contrepèteries, Préface de *Sortilèges du verbe,* de Matila C. Ghyka, Gallimard, 1949

« Ce livre a ceci de commun avec le respectable Annuaire des Téléphones, c'est qu'on n'est pas obligé de le lire en commençant par le commencement. »

Frédéric Dard, *L'Histoire de France vue par San Antonio*, Fleuve noir, 1964

Préface épurée

Ce florilège, joli flair, du contrepet littéraire est une somme. Un Lagarde et Michard de l'antistrophe, mot jamais avili cher à Rabelais. Catherine Guennec, l'auteure de cette anthologie que les Muses habitent, est une orpailleuse hors pair de contrepèteries discrètement ou accidentellement lovées chez maints auteurs.

Ainsi, Pierre Corneille, connu pour la fameuse homophonie que recèle *Polyeucte* : « Et le désir s'accroît quand l'effet se recule », ne craint pas d'écrire dans *La Suivante* : « Mon courage bouillant ne se peut contenir [...]. » Oui, c'est bien une contrepèterie (pudiquement décryptée dans le livre). Mais le solennel dramaturge s'en est-il aperçu ? La question se pose pour toutes les équivoques jaillies des célèbres plumes que rassemble cet ouvrage. Sont-ce des contrepets du hasard ou des clins d'œil aux mânes d'Alcofribas Nasier ?

Le saura-t-on un jour ? Qu'importe ! Volontaire ou non, quelle joie de débusquer chez Bossuet « chaque chute creuse sous vos pas de nouveaux abîmes ». Magnifiée par la pensée troublante de l'illustre prélat, la chute ne peut être que sacrée. Et l'abîme tordu ? Le bon Jacques Bénigne fut-il fêlé par la tentation et usa-t-il de verbes en joie ? Si oui, il se réfugia dans quelque entresol pour se confesser. Et s'il a équivoqué en toute innocence, son contrepet n'en est que plus pimenté.

Contrepétulantes, contrepétulants, dévorez ce volume qui est bien plus qu'une mine de perles. C'est un véritable dictionnaire contrepétillant. Un vrai glossaire à l'envers.

Car les citations sont rangées par ordre alphabétique des mots contrepétogènes : la fête commence par « Abriter », avec une citation d'Hugo (le grand Victor proposa-t-il à une pasionaria des barricades de 1830 une ambassade pour l'abriter ?) et s'achève avec « Yeux » : *Les Yeux fermés*, roman d'Étienne Minier, deviennent « Les œufs fermiers ». En évitant la poule qui mue…

Au mitan du livre, l'entrée « Pédant » cite Fénelon (et pas : nœud félon) : « Mais j'en fus bientôt dégoûté ; ils étaient pédants […]. » On pense aussitôt à Cyrano de Bergerac, auteur de la comédie *Le Pédant joué*.

En définitive, ce roboratif recueil s'adresse aux contrepéteurs et contrepétrices confirmé(e)s mais aussi débutant(e)s. Et plus généralement à toutes les personnes férues de belles-lettres, lettres qu'on pétrit grâce à l'art de décaler les sons que débitent nos bouches.

Joël Martin, Comtesse de l'album
du *Canard enchaîné*

Cette préface recèle 15 contrepèteries clandestines décryptées à la fin du livre.

Décaler les sons…

Le patrimoine littéraire – de Rabelais à Queneau, Vian ou Frédéric Dard… – offre quantité d'exemples de contrepèteries intentionnelles, hautement revendiquées par leurs auteurs (et que vous retrouverez dans les pages qui suivent).

Mais les plus insolites, les plus inattendues… ne sont pas forcément les contrepèteries volontaires, « fabriquées ». De jolies clandestines, fruits sauvages du hasard, se glissent malicieusement et « mine de rien » sous la plume de romanciers respectueux et respectables, de poètes bien sérieux…

Les lettres se permutant révèlent parfois un sens nouveau et caché plutôt réjouissant, et souvent, disons-le tout net, furieusement rude. Pudibonds s'abstenir ! Évidemment, comme le souligne Joël Martin, éminent contrepétologue, les contrepèteries, il y en a de deux sortes : « les convenables et les rabelaisiennes »…

Vaugelas (XVIIe siècle) mettait déjà en garde (et en vain) tous les plumitifs : gare à « la mauvaise équivoque » « par le moyen de laquelle le[s] meilleur[s] […] se peuvent rendre ridicules et ainsi perdre le fruit des bonnes choses qu'ils ont dites ». Il faudrait donc « éloigner des esprits […] tout ce qui peut donner de mauvaises pensées » !

Dommage… d'autant que le ridicule (quand – et si – ridicule il y a) ne tue toujours pas. Les occasions de se réjouir sont bonnes à prendre et la belle langue française ne demande qu'à être doucement bousculée.

Les mots, « il faut les apprivoiser, les soupeser, les regarder […] et puis jouer avec eux, sourire avec eux », explique si justement Philippe Delerm.

Petite précision maintenant pour rendre à César ce qui revient au virtuose Jacques Antel : après avoir découvert son ouvrage paru aux Mille et Une Nuits en 2005, *Ceux que la Muse habite. Contrepets fortuits ou involontaires des poètes*, l'envie de mettre mes pas dans ses pas et de poursuivre son érudite et joyeuse recherche s'est imposée. D'autant que je n'apprécie la contrepèterie qu'à l'état sauvage. « La contrepèterie de hasard », la plus belle. Je préfère « frémir de joie » avec Musset, « écouter la fin d'un autre conte » avec Reverdy que « glisser dans la piscine » ou « couper les nouilles au sécateur »…

Alors, vous trouverez ici – parmi des contrepèteries déjà citées (signalées par un astérisque) et d'autres inédites – beaucoup de poésies, de formes versifiées mais pas seulement. Des extraits de romans, de récits, connus ou moins connus, récents ou anciens, vous attendent aussi derrière cette page.

Toutes les citations sont authentiques. Aucune n'est inventée.

Découvrez-les, charmez vos oreilles (« le contrepet est un art sonore »), goûtez sans complexe la succulence, la trivialité de ces friandises linguistiques. Notre projet – « promoteur et prometteur d'arabesques langagières » – est animé par une double idée : découvrir ou redécouvrir des textes, des auteurs, et se distraire !

Goûtez-moi donc *cette farce* ! pourraient souffler en chœur Rabelais et Tabourot…

C. G.

A

Abîme

« Ah ! se dit Hector, pouvoir dire sereinement “j’habite l’abîme”… »[1]

René Philip, *Meurtre à l’ANPE. Roman un peu policier et documentaire*, Publibook, 2001

* « Nous sommes les proscrits ; nous habitons l’abîme ;
Nous assistons dans l’ombre au vil bonheur d’un crime […]. »[2]

Victor Hugo (1802-1885), *Les Quatre Vents de l’esprit*, 1881

---

1 Un recueil de contrepèteries ne dévoilerait jamais les solutions. Par tradition. Mais comme les traditions sont faites tôt ou tard pour être bousculées (et pour éviter migraines et frustrations), nous aidons au décryptage en signalant les lettres destinées à migrer…

2 Partiellement ou en intégralité, les textes précédés d’un astérisque ont été cités par Jacques Antel (*Ceux que la Muse habite*, Mille et Une Nuits, 2005).

* « L'homme du peuple en est juste aussi responsable
Que peut l'être d'un coup de vent le grain de sable ;
Le sable, arraché, pris et poussé par le vent
Entre dans le simoun affreux, semble vivant,
Brûle et tue, et devient l'atome de l'abîme [...]. »

Toujours Victor Hugo, *L'Année terrible*, 1872

« Cet (t)abîme où frissonne un tremblement farouche [...]. »

Encore Victor Hugo, *Les Contemplations*, 1856

« Le poète aime l'abîme ». Hugo le confirme encore dans *Odes et ballades* (où il exprime son affection et son admiration pour Charles Nodier) : « À la fois triste et sublime, / Grave en son vol gracieux, / Le poète aime l'abîme / Où fuit l'aigle audacieux [...]. »

Abricot

« Échange une poche à briquet contre une pêche abricot. »

Pierre Dac (1893-1975), « Petites annonces », *L'Os à moelle*, 1938

Abriter

« À Adèle,
Que Sainte-Beuve t'abrite »

Cité par Luc Étienne, *L'Art du contrepet*, Pauvert, 1957

Dédicace d'Hugo, qui appréciait davantage les contrepèteries que l'amant de sa femme. Adèle Foucher, épousée en 1822, avait une liaison (1830) avec Sainte-Beuve. Injonction à Adèle de quitter le domicile conjugal, à être entretenue et « abritée » par son amant ? Et allusion probable aux performances qu'il suppose médiocres de l'amant de madame. Hugo, hyperactif sexuel (tout au long de sa vie), prétendait avoir honoré Adèle neuf fois lors de leur nuit de noces. On imagine Sainte-Beuve piètre athlète de Cythère et moins porté sur l'article. « Le roi, le dieu, le soleil », le « Toto à sa belle Juju » restait inégalable à plus d'un titre…

Accuser

* « Mais nous, pour embraser les âmes,
Il faut brûler, il faut ravir
Au ciel jaloux ses triples flammes ;
Pour tout peindre, il faut tout sentir.
Foyers brûlants de la lumière,
Nos cœurs de la nature entière
Doivent concentrer les rayons ;

Et l'on accuse notre vie !
Mais ce flambeau qu'on nous envie
S'allume au feu des passions. »

Alphonse de Lamartine (1790-1869), « L'Enthousiasme »,
Méditations poétiques, 1820

Aimé

L'Aimé

Roman (Seuil, 1990) d'Axel Gauvin (1944-)

Altesse

« Nous allons avoir le plaisir
D'amoindrir
D'avilir
Cette fière Altesse !... »

Alfred Hennequin, Alexandre Bisson, *Ninetta*, opéra-comique, 1882

« La Cour le sut, se livra à des commentaires fiévreux mais chose remarquable ne mit pas en doute la vertu de la fière altesse [...]. »

Philippe Erlanger (1903-1987), *Le Mignon du roi*, Presses Pocket, 1973

Amant, amante

« Malgré le nombre de mes amants et la longue absence d'Ulysse, j'ai conservé ma pudicité et à peine caressais-je Télémaque. »

Ausone (310-395), *Œuvres*, t. I, traduction de l'abbé Jaubert, 1769

« Mais l'obscurité se dissipe, l'on voit déjà l'Orient se teindre d'une couleur vermeille ; l'amante de Céphale chasse devant elle les ténèbres [...]. »

Jean-Pierre Claris de Florian (1755-1794), *Héro et Léandre*, monologue lyrique, 1788

L'aurore aux doigts de rose, qui ouvre les portes du ciel au soleil levant avant de disparaître, prend le nom poétique d'« amante de Céphale ».

Amour

* « Deux Coqs vivaient en paix,
Une Poule survint,
Et voilà la guerre allumée.
Amour, tu perdis Troie ; et c'est de toi que vint
Cette querelle envenimée [...]. »

Jean de La Fontaine, « Les Deux Coqs », *Fables*, livre VII, 1678

« *Merdre* alors », soufflerait Ubu...

« Je le vois bien ma sœur, vous n'aimâtes jamais ;
Vous ne connaissez point ni l'amour ni ses traits [...]. »

Pierre Corneille (1606-1684), *Les Horaces*, 1780, acte III, scène 4

On ne badine pas avec l'amour

Pièce de théâtre (1834) d'Alfred de Musset (1810-1857)

L'Amour en plus, histoire de l'amour maternel

Essai (Flammarion, 1980) d'Élisabeth Badinter (1944-)

Une contrepèterie déjà signalée par Joël Martin.

Arpent

Le Petit Arpent du bon Dieu

Roman d'Erskine Caldwell (1903-1987), 1936,
traduit par Maurice-Edgar Coindreau (Gallimard, 1973)

Arts

« Les délices des /arts ont nourri mon enfance. »

André Chénier (1762-1794), *Élégies*, 1819

Assommoir

L'Assommoir

Roman (1877) d'Émile Zola (1840-1902)

« L'âme au soir ».

Atome

« Tiens ! l'atome de l'oncle Cazes ! »

Cité par Mina et André Guillois,
De l'esprit comme 1000, Hachette, 1972

Cazes était le patron de la brasserie Lipp à Saint-Germain-des-Prés. Il avait engagé un garçon d'une taille minuscule. En le voyant, Léon-Paul Fargue (1876-1947), grand amateur de contrepèteries, de s'écrier : « Tiens… »

Aussi

« Est-ce que si nous avions à craindre pour lui, vous me verriez aussi tranquille ? »

Alexandre Duval (1767-1842), *Édouard en Écosse, ou la Nuit d'un proscrit*, 1822

La vie des mots… bête à l/ire…

C'est sans doute grâce aux contrepèteries (et aux chansons lestes) que ce petit mot, *vit*, survit encore.

« […] pensez-vous que vous me verriez aussi résigné et presque gai […] ? »

Gustave Aimard (1818-1883), *Le Saut de l'élan*, 1875

Racine déjà écrivait :

* « Durant le triste cours d'une absence cruelle
Je le verrais, Hémon ; vous me verriez aussi ! »

La Thébaïde ou les Frères ennemis, 1664

Averse

« Les incendies allumés par les flèches s'éteignent en sifflant sous l'averse géante […]. »

Jean-Louis Le May (1917-2009), *Chroniques des temps à venir*, t. VII, *La Révolte des Boudragues*, Fleuve noir, 1981

« […] cette pauvre lueur coulant à travers l'herbe géante de l'averse impitoyable. »

Michel Tauriac (1927-2013), *Jade*, La Table ronde, 1986

Avis

« Ou, suivant de nos cœurs l'instinct impérieux,
Prenons-nous nos transports pour un avis
des dieux ? »

Virgile (70-19 av. J.-C.), *Énéide*, livre IX,
traduction de l'abbé Delille, 1834

B

Baguette

« Votre amour me fait rire
Votre amour n'est pas vrai
Marchez à ma b/aguette
Et passez la monnaie
C'est l'amour qui m'a faite
L'amour qui m'a défaite »

Jacques Prévert (1900-1977),
« C'est l'amour qui m'a faite », *Histoires*, 1946

Les hommes se traiteraient donc à la b/aguette…

Bain

« Les chimpanzés ont des bains de foule ! »

Jacques Chancel (1928-2014), *Le Désordre et la Vie*, Grasset, 1991

Histoire de voir la foule en masse ?…

« Il vaut mieux prendre un bain de pied
dans l'eau bénite qu'un pin, de biais, dans
la binette. »

Michel Ohl (1946-2014), *Pauvre cerveau qu'il faut bercer*, Castor astral, 2006

Banc

« L'église a dû mettre à la porte
Cette chaisière trop accorte
MORALITÉ
Elle faisait scinder les bancs »

Cité dans l'anthologie de Claude Gagnière, *La Fable express d'Alphonse Allais à Boris Vian*, Le Cherche Midi, 2002

Banquet

* « Tu chantas en buvant dans les banquets d'Horace
Et Voltaire à la cour te traîna devant nous. »

Alfred de Vigny (1797-1863), *La Maison du berger*, 1844

Plusieurs transformations sont possibles.

Barrette

« Une barrette de shit, la belle affaire ! s'esclaffe Tarraud. Oubliez ça. »

Virginie Roels, *La Plume*, Stock, 2017

Bastille

« Ah la la ! Tenez la prise de la Bastille, par exemple, on la voit partout maintenant ; dans les livres et sur les images. Allez, ça me fait rire, moi… »

Alain Villebœuf, *La Prise de la Bastille*, 1924

Baudet

* « À ces mots on cria haro sur le baudet. »

Jean de La Fontaine (1621-1695),
« Les Animaux malades de la peste », *Fables*, 1678

Bavard

« [...] le petit con faisait entendre quelques soupirs suivis d'un long hélas ! Puis rien... D'où nous pouvons comprendre que les deux bavards étaient las [...]. »

Claude-Joseph Dorat (1734-1780), *Les Deux Bavards*

Dorat agrémenta beaucoup de ses ouvrages de nombreuses gravures, ce qui en aurait fait, aux dires des amateurs, « des chefs-d'œuvre d'art et de luxe typographique ». Commentaire du charitable abbé Galiani : le poète, ainsi, « se sauvait du naufrage de planche en planche »...

Autre charitable commentaire, de Grimm, cette fois, au sujet des petits poèmes du chevalier Dorat : « C'est un ramage plein de grâces, un sifflement de serin on ne peut plus agréable mais autant en emporte le vent »... Le sens de la formule et de la vacherie... Cruel et versatile critique : « Quelquefois il vous plaint, souvent même il vous vante » (Racine, *Athalie*, I, 1).

« Déjà fini ton somme ? J'espère bien que ces deux bavards-là ne t'ont pas réveillé au moins ? »

Georges Duruy (1853-1918), *Ni Dieu ni maître*, 1890

Beauté

« Mais Rome offrira à tes regards mille beautés que tu chercherais inutilement dans le reste de l'univers. »

Ovide (43-17 av. J.-C.), *L'Art d'aimer* (paru autour de l'an 1), traduction de M. G., 1785

« Il avait été effleuré par mille beautés du grand monde. »

Frédéric Soulié (1800-1847), *Sathaniel*, 1837

« Mille beautés font galerie. Et j'en suis sûr, dans ce salon bientôt, pour distinguer la plus jolie, un amateur se verrait en défaut ».

Étienne Arago (1802-1892), *Lia ou une nuit d'absence*, drame-vaudeville, 1826

Étienne Vincent Arago, dramaturge et homme politique (maire de Paris en 1870), est le dernier d'une fratrie de six. Le plus connu de ses frères, l'aîné, est François Arago, le célèbre savant.

Belle

« Je vais chantant Zéphyr, les nymphes,
les bocages [...]
Et mes belles amours plus belles que
les fleurs. »

André Chénier (1762-1794), *Élégies*, 1819

« Vous êtes le Cupidon des belles amours,
des chastes amours, des célestes amours. »

Louis de La Rivière (1593-1670), *Les Tableaux mystiques des quatre amours sacrés*, 1630

« Les sciences sans plus font mes belles
amours [...]. »

Christofle de Beaujeu (1550-1635 ?), *Les Amours*, 1589

« Philippe, voulez-vous retrouver vos belles
amours, voulez-vous être heureux ? »

Comtesse Dash (1804-1872), *Les Amours de la belle Aurore*, 1864

Belle du Seigneur

Roman (Gallimard, 1968) d'Albert Cohen (1895-1981)

Bercer

« Le mari débonnaire prit la petite fille entre ses bras et essaya de l'apaiser en la berçant [...]. »

Eugène Sue (1804-1857), *Clémence Hervé*, 1857

Berge

« Et dire que l'épouvantable roue
Continue à tourner la loterie
De chair humaine, au lieu que rie
La berge verte ointe de bonne boue. »

Jean Cocteau (1889-1963), *L'Incendie*, 1939

« Si le feu brûlait ma maison, qu'emporterais-je ? J'aimerais emporter le feu », disait l'auteur de *L'Incendie*. Rien à voir avec une contrepèterie, mais trop joli quand même...

« Quelquefois même la pensée retourne vers un coin de forêt ou un bout de berge ou un verger poudré de fleurs aperçus une seule fois [...] comme ces images de femmes rencontrées dans la rue, un matin de printemps, avec une toilette claire et transparente, et qui nous laissent dans l'âme et dans la chair un désir inapaisé, inoubliable, la sensation du bonheur coudoyé. »

Guy de Maupassant (1850-1893), *La Mère Sauvage*, 1884

Bête

* « Je ne te cache pas que j'aime aussi les bêtes […]. »

Victor Hugo, *L'Art d'être grand-père*, 1877

Et encore, toujours du même :

« Et la paille qui sert aux bêtes de litière ? »

La Légende des siècles, 1883

* « Pareil à une bête tapie dans les hauteurs, le lourd rideau s'abattait […]. »

Francis Carco (1886-1958), *L'Homme de minuit*, 1938

« Il rôdait autour d'elle en permanence comme une bête tapie dans l'ombre, prête à bondir sur elle dès qu'elle relâchait sa vigilance. »

Marie-Philothée Mallais, *Je suis un risque*, Éditions du Cerf, 2017

« Mais l'habile petite bête se tenait sur ses gardes […]. »

Thomas Mayne Reid (1818-1883), *Les Forêts vierges*, traduction de Raoul Bourdier, 1885

Biaisant

* « Mouette à l'essor mélancolique,
Elle suit la vague, ma pensée,
À tous les vents du ciel balancée,
Et biaisant quand la marée oblique,
Mouette à l'essor mélancolique. »

Paul Verlaine (1844-1896), *Sagesse*, 1873

« Mélancolique » réserve aussi une belle contrepèterie (en trois mots)…

Bien

« Le bien qu'on fait est lui-même
sa récompense. »

Denis Diderot (1713-1784), Lettre à Étienne-Maurice Falconet, septembre 1766

Bise

« Il s'envole ce vagabond,
Quand souffle la bise irritée
Sur le front d'avril moribond.
Ne l'envions pas, ô chère âme ! »

Albert Glatigny (1839-1873), « Épithalame », *La Renaissance littéraire et artistique*, n° 20, 1872

« Tantôt, comme une bise irritée, il humilie l'orgueil des cèdres [...]. »

Denis Talon (1628-1698), *Œuvres d'Omer et Denis Talon*, t. II, *Discours et mercuriales*, 1821

Une même « bise irritée » souffle dans *Les Quatre Vents de l'esprit* d'Hugo.

Biseau

« Colin [...] tailla en biseau le coin de ses paupières mates [...]. »

Boris Vian (1920-1959), *L'Écume des jours*, Gallimard, 1947

Dans ce même roman se promène un certain Jean-Sol Partre...

Blessée

Une femme blessée

Roman (Éditions Anne Carrière, 2014) de Marina Carrère d'Encausse

Bœuf

* « Qu'ailleurs la bassesse soit grande,
Que l'homme soit vil et bourbeux,
J'en souris pourvu que j'entende
Une clochette au cou des bœufs. »

Victor Hugo (1802-1885), *Les Chansons des rues et des bois*, 1865

« Un petit oiseau sous les feuilles, / Chantant, suffit à prouver Dieu », derniers vers du poème…

Boire

« Donne-moi vite à boire ! »

Aristophane (445-385 ou 375 av. J.-C.), *Les Acharniens*

« Buvons avec lui le calice de sa passion. »

Jacques-Bénigne Bossuet (1627-1704), *Sermons*, 1772

Boîte

« Elle était cernée de toutes parts par des piles et des piles de boîtes rouges […]. »

Lauren Weisberger, *Le diable s'habille en Prada*,
traduction de Christine Barbaste, Univers Poche, 2012

Boîte alert/e, missives lascives[3]

Titre d'une exposition surréaliste et de son catalogue, Galerie Daniel Cordier, Paris, 1959

« Le titre poétique n'a rien à nous apprendre, mais il doit nous surprendre et nous enchanter », écrivait Magritte (*Écrits complets*, Flammarion, 1979). Une vérité qui vaut pour la peinture comme pour la littérature.

Bol

Bol d'air

Recueil poétique (Flammarion, 1946) de Paul Fort (1872-1960)

Bol d'air est encore le titre d'un roman (paru aux Éditions du Moteur en 2011) de Serge Joncour (1961-).

Bon

* « Bons croyants, faisons-nous quelques concessions. »

Victor Hugo (1802-1885), *Religions et religion*, 1880

3 *La Boîte alerte* était une boîte à lettres en carton à laquelle Marcel Duchamp avait ajouté l'inscription « Missives lascives ».

« Nul n'aimait plus que lui le bon coucher. »

Henri de Régnier (1864-1936), *Le Bon Plaisir*, 1926

Borne

Les Bornes reculées

Roman (Gallimard, 2006) d'André Stas (1949-)

« Je vis autour de moi les erreurs dévoilées,
De l'antique raison les bornes reculées. »

Antoine Léonard Thomas (1732-1785), « Le Czar Pierre »,
Œuvres complètes, 1822

Les mêmes « bornes » se retrouvent encore dans le *Bajazet* de Racine (« De l'empire persan les bornes reculées »...).

« Qui n'a sa route ressassée ?
Ici l'ombre, là le buisson,
La borne usée... »

Jean Angeli (1886-1915), cité par Jean Lebrau, *Béarn, poèmes*, 1931

* « Tu as vu cette borne usée où, un jour,
une jeune fille
S'assit avec un collier de fruits rouges
de tamier. »

Francis Jammes (1868-1938), *Le Triomphe de la vie, 1902*

Bosse

« En bas de la falaise est apparue une plage longue et étroite, parsemée de rochers, bosses grises [ou bosses grises] sorties des eaux. »

You-jeong Jeong (1966-), *Généalogie du mal*,
traduction de Choi Kyungran et Pierre Bisiou,
Éditions Philippe Picquier, 2018

« Les deux bosses grises [*idem*] du chameau avaient été réunies […]. »

René Barjavel (1911-1985), *Le Grand Secret*, Presses de la Cité, 1973

Bossu

« J'ai fait le bossu cocu. J'ai fait le beau cul cossu. »

Victor Hugo (1802-1885), *Océan. Tas de pierres*,
recueil posthume publié en 1942

Il s'agit en fait d'un refrain de chanson noté en 1874 par Hugo.

Botte

« [...] on alla nous chercher la grande curiosité du lieu, le célèbre tire-botte dont Victor Hugo a parlé dans *Le Rhin*. »

Théophile Gautier (1811-1872), *Les Vacances du lundi*, 1881

Et voilà donc ces mots hugoliens :

« Sur le fagot est posé délicatement à côté d'un balai un tire-bottes énorme et antédiluvien, taillé à la serpe par quelque menuisier en fureur. »

Le Rhin, 1842

Encore un peu de « tire-bottes », décidément goûté par Hugo ?

* « Toi, tu traînes ta gloire à tes pieds. Entre donc,
Ôte ta renommée avec un tire-bottes. »

« On loge à la nuit », *Châtiments*, 1853

« Vous appuierez-vous de cette expérience pour entasser deux mille bottes dans une grange bâtie en bois ? »

Honoré de Balzac (1799-1850), *Les Illusions perdues*, 1837

Bouche

« [...] la bouche vidée, il prononça :
"C'est dégoûtant !" »

Eugène Chavette (1827-1902), *L'Oncle du Monsieur de Madame*, 1881

Double contrepèterie – la bouche vidée, la biche dévouée – relevée en son temps par Roger Vitrac.

Bouchée

« Mais vous êtes donc bouchés à la reine, les gars ! »

Frédéric Dard dit San Antonio (1921-2000),
Béru contre San Antonio, Fleuve noir, 1967

Bouille

« Quelle drôle de bouille [...]. »

Frédéric Dard dit San Antonio (1921-2000),
Galantine de volaille pour dames frivoles, Fleuve noir, 1987

« Elle ressemble à un cœur – une bouille incroyable d'andouillette triple A et ce regard immense qui vous fait fondre plus vite qu'un Kim cône au soleil. »

Delphine Bertholon (1976-), *Ma vie en noir et blanc*, Rageot, 2016

« Quelle drôle de bouille il a ! »

Katherine Pancol (1954-), *La Valse lente des tortues*, Livre de Poche, 2009

Bouillir, bouillant

« Tourne hideusement les gémissantes eaux,
Et tourmente les flots d'une bouillante rage
Saintement agité d'un martial courage [...]. »

Clovis Hesteau sieur de Nuysement (1550-1560 - 1623-1624), *Œuvres poétiques*, 1578

« Elle ne produira qu'un courage bouillant et impétueux qui n'écoutera point la raison et qui se laissera aller d'abord à tous les emportements de la fureur brutale. »

Marin Cureau de La Chambre (1594-1669), *Les Caractères des passions*, 1663

« De l'heure où je la vis, je fus victorieux,
Mon courage bouillant s'allumait à ses yeux. »

Henri de Lacretelle (1815-1899), *Gabrielle d'Estrées*, 1855, acte V, scène 8

« Mon courage bouillant ne se peut contenir ;
Enflé par tes discours, il ne saurait
attendre [...]. »

Pierre Corneille (1606-1664), *La Suivante*, 1634

Boule

« L'été, M'mé Coche met des boules antimites au fond de ses poches. »

Claudie Gallay (1961-), *L'Office des vivants*, Éditions du Rouergue, 2011

« Elle inspira l'odeur rassurante
des boules antimites, du poisson salé
et des livres jaunissants : c'était le logement
d'un intellectuel. »

Simon Montefiore (1965-), *Sashenka*, Belfond, 2010

« Où reposent à jamais, sous d'épaisses pelisses,
Mes souvenirs obscènes et mes boules
antimites. »

Marcus Malte (1967-), *Aires*, Éditions Zulma, 2020

« Nul ne connaîtrait la magie des boules
sans la bougie des mâles. »

Robert Desnos (1900-1945), « Rrose Sélavy »,
Littérature, n° 7, 1er décembre 1922

Contrepèterie ou « contrepoèterie », selon la jolie formule de Christian Moncelet…

Bouton

* « Un jour dans son jardin il vit notre Écolier
Qui, grimpant sans égard sur un arbre fruitier,
Gâtait jusqu'aux boutons, douce et frêle espérance,
Avant-coureurs des biens que promet l'abondance [...]. »

Jean de La Fontaine (1621-1695),
« L'Écolier, le Pédant et le Maître d'un jardin »,
Fables, livre IX, 1678

Bruit

« Crains-tu si peu le blâme, et si peu les faux bruits ? »

Pierre Corneille (1606-1684), *Le Cid*, 1637, acte III, scène 4

Brûler

« Et dans la noble ardeur dont je me sens brûler
Je voudrais que les dieux pussent les reculer. »

Alexis Piron (1689-1773), *Callisthène*, 1730, acte III, scène 5

« Je me tais et me sens brûler ;
Car l'objet qu'adore mon âme
Est si parfait que je n'en puis parler [...]. »

Vincent Voiture (1597-1648), *Lettres et poésies*, 1855

On brûle aussi et ainsi chez Ronsard (*Les Amours*, *Odes*...), ou encore chez Corneille :

* « Madame cependant en est toute ravie,
Et de s'en voir parée elle brûle d'envie. »

Médée, 1635, acte IV, scène 3

But

« Moi je touche au but du premier coup,
et je vous apprends que votre fille est muette. »

Molière (1622-1673), *Le Médecin malgré lui*, 1666, acte II, scène 6

« Je le laisserai donc désormais crier à tue-tête, raisonner à perte de vue ; et courant droit au but que je me suis proposé d'atteindre, je ne m'occuperai pas plus de sa ridicule colère que de celle du chien qui mord la pierre dont il vient d'être frappé. »

Le Bout de l'oreille, ou Réponse à la brochure [de] *M. Gabiou*, 1814

* « Et mon intérêt seul est le but où tu cours. »

Jean Racine (1639-1699), *Esther*, 1689, acte II, scène 5

Courir, re-courir et recourir droit au but… Il aurait été surprenant de ne pas retrouver ici notre cher Hugo :

* « Les hommes d'aujourd'hui […]
Marchent et, courant droit au but qui
les réclame,
Désapprennent les pas en arrière à leur âme. »

La Légende des siècles, 1884

« Je ne me sentais plus vivant, je me retrouve,
Je marche, je revois le but sacré[4]. J'éprouve
Le vertige divin, joyeux, épouvanté […]. »

Ibid.

Et « c'est ainsi que les hommes s'abusent », commente malicieusement Jacques Antel.

4 Deux transformations possibles : but sacré et but sacré.

C

Cacher

« […] elle ira avec l'élu se cacher honteusement dans une auberge. »

Christine Garnier (1915-1987), *Jusqu'où voient mes yeux*, Robert Laffont, 1975

Calvaire

« Les catholiques rebaptisaient Luther et Calvin en calvaire et lutin, tout en repoussant le protestantisme comme étant un dogme enlaidi de honte. »

Matthieu Douérin (1975-), *Exercices de style calembouresque. Laissez-vous Allais !*, Le Lys bleu, 2018

Camp

* « Tout le camp même encore est trompé comme vous. »

Jean Racine (1639-1699), *Iphigénie*, 1674, acte III, scène 6

Iphigénie : 1 794 alexandrins ! dont celui-là, bien coquin, si la contrepèterie s'en mêle.

« Il était d'une cruauté gourmande lorsqu'il parlait des élus de son camp [...]. »

Pierre-René Lemas, *Des princes et des gens*, Seuil, 2019

L'auteur, haut fonctionnaire, a été (entre autres) secrétaire général de l'Élysée sous François Hollande.

Caresse

« Les caresses de demain nous révéleront-elles le carmin des déesses ? »
« Est-ce que la caresse des putains excuse la paresse des culs teints ? »

Robert Desnos (1900-1945), *Rrose Sélavy*, 1922

Rrose Sélavy (qui évoque « Éros c'est la vie ») est un recueil d'aphorismes surréalistes inspirés par le personnage fictif inventé par Marcel Duchamp. À partir de 1922, Desnos reprend le personnage à son compte, en rendant à César ce qui revient à Duchamp : « Rrose Sélavy connaît bien le mar**chand** **du sel** »…

Rrose Sélavy déborde de contrepèteries. Des exemples ?

– Des fous sans loi / des loups sans foi
– Parfum des déesses / paresse des défunts
– La mouche colle sur la couche molle
– Des fous légers / les jours de fées
– La magie des boules / la bougie des mâles
– Les verrues des saintes / les vertus des seins
– Passez-moi mon arc berbère, dit le monarque barbare
– Les particules des nobles / la partie noble des culs
– Les lois de nos désirs sont des dés sans loisir
– Plus fait viol**eur** que doux s**ens**
– …

Carrière

« […] il faut que l'homme em**b**rasse et suive une **c**arrière quelconque. »

Alexandre Dumas (1802-1870), *Madame de Chamblay*, 1862

Cas

* « [...] votre dur cas me touche. »

Voltaire (1694-1778), *Le Pauvre Diable*, 1758

« Cas fumeux à titre pictural, le tableau *L'Origine du monde* (1866) de Gustave Courbet (musée d'Orsay, Paris) est le symbole de l'œuvre troublante voire même censurée [...]. »

Jean Ferré, *Ducon et consorts*, Lulu.com, 2011

Casquette

« Mets ta casquette, lui cria-t-elle.
Il fit le sourd. »

Mazo De la Roche (1879-1961), *Les Jalna* (1927), traduction de Germaine Lalande, Omnibus, 1990

« Allez ! mets ta casquette ! »

Georges Feydeau (1862-1921), *La Puce à l'oreille*, 1907

« Félix, mets ta casquette. Tu risques une congestion. »

Marcel Pagnol (1895-1974), *César*, 1936

Chaleur

« M'est avis qu'ils ont pris un fameux coup de chaleur ! »

Frédéric Dard dit San Antonio (1921-2000),
Les Vacances de Bérurier, Fleuve noir, 1999

Une (sage, pour une fois) histoire de chat…

Champ

« Je rêve à des champs de coton qui s'étendraient vers l'infini […]. »

Nedim Gürsel (1951-), *Yachar Kémal, le roman d'une transition*,
L'Harmattan, 2001

Chanson, chant

Un chant pour l'été

Roman d'Eva Ibbotson, traduit par Alexia Lazat (Belfond, 1999)

Les Chansons des buts et des rois

Recueil poétique (1921) de Philippe Soupault (1897-1990)

Clin d'œil contrepétillant aux *Chansons des rues et des bois* de Victor Hugo.

Jacques Antel nous signale aussi « Le Chant de la fileuse », un poème de Leconte de Lisle (1818-1894).

Chapeau

« Elle avait une "tête à chapeaux", disait sa mère. »

Catherine Millet (1948-), *Une enfance de rêve*, Flammarion, 2014

(Une tête à chapeaux et une chatte à poète.)

Charmant

« [...] la coiffure d'un goût charmant [...]. »

Arsène Houssaye (1815-1896), *Galerie du XVIIIe siècle*, 1858

« L'intérieur est ornementé à la grecque, et avec un goût charmant. »

Alexandre Dumas (1802-1870), *Impressions de voyage*, 1866

« Ce serait une plaisanterie d'un goût charmant, répondit ironiquement Swann. »

Marcel Proust (1871-1922), *À la recherche du temps perdu*, t. III, *Le Côté de Guermantes*, 1920

Château

« Je n'ai pas d'oncle en Amérique ni ailleurs qui aurait pu me léguer un château. »

Joël Verbauwhede, *Un château en Transylvanie*, Éditions Mondes parallèles, 2020

Chêne

« Cher San Antonio, bêle Félix, je savais que vous me tireriez de ce mauvais pas. Comme je l'ai écrit à la page 120 ou 121 de mon livre "Les Chênes qu'on débite", l'espoir est le seul élixir de l'homme. »

San Antonio, *Baisse la pression tu me les gonfles*, Fleuve noir, 1988

Moins académique, moins chic que *Les Chênes qu'on abat* de Malraux (Gallimard, 1971) mais quand même plus contrepétillant…

Chocolat

Pas de bras, pas de chocolat !

Livre (Éditions de l'Opportun, 2017) de Philippe Croizon (1968-)

Chocolat / colle au chat.

La Fée Chocolat

Conte (Fayard, 2002) d'Irène Frain (1950-)

L'Affaire chocolat

Roman (Denoël, 2002) d'Haïm Gouri (1923-2018)

Chine

« Je lui dis : illustre chevalier, comment se peut-il que vous soyez si profond sur tout ce qui se passe à la Chine [...]. »

Denis Diderot (1713-1784), *Correspondance littéraire*, mars 1766

Une histoire de chasse au trésor joli, ou comment viser à « bien faire tic tic tac et lon lon la, bien faire ce qu'on appelle cela » (chanson d'époque) !

Chose

« L'honnête homme d'ici n'est point celui qui fait de bonnes actions mais celui qui dit de belles choses [...]. »

Jean-Jacques Rousseau (1712-1778), *La Nouvelle Héloïse*, 1761

« Monsieur Cliche, des fois, il dit des belles choses pas comme les autres. »

Michel Langlois (1938-), *Un p'tit gars d'autrefois*, Éditions Hurtubise, 2011

Chute

« Tremblez, âmes réconciliées, qui renoncez si souvent à la grâce de la pénitence ; tremblez, puisque chaque chute creuse sous vos pas de nouveaux abîmes [...]. »

Jacques-Bénigne Bossuet (1627-1704), *Oraison funèbre d'Anne de Gonzague de Clèves, princesse palatine*, 1685

* « Quelle chute, mon père ! »

Jean Racine (1639-1699), *Les Plaideurs*, 1669, acte III, scène 3

« Quelle chute, mon père ! » pourraient dire quelques vedettes [...]. »

Roger Peyrefitte (1907-2000), *L'Innominato. Nouveaux propos secrets*, Albin Michel, 1989

* « Un trépas si fameux, une chute si belle
Rendait de ta vertu la mémoire immortelle. »

Voltaire (1694-1778), *La Henriade*, 1669

« Ne croyez-vous pas que s'il est permis à toute autre de fuir, je doive rester, moi, pour expier ma chute passée ? »

Mme Expilly, *La Vierge de Pola*, 1869

Ciel

« Vaillant et généreux Pizarre, lui répondit le solitaire, le seul témoignage assuré de la faveur du ciel est dans le cœur de l'homme juste. »

Jean-François Marmontel (1723-1799),
Les Incas ou la Destruction de l'Empire du Pérou, 1777

« Le méchant peut tout avoir, excepté la faveur du Ciel. »

Denis Diderot (1713-1784), *Le Fils naturel ou les Épreuves de la vertu*, 1757, acte IV, scène 3

Cil

« Je devine ces cils qui battent dans l'ombre […]. »

Max Genève, *Jeune homme assis dans la neige*, Éditions Barrault, 1984

« Il est des minutes où j'ai mal à crier de ses cils qui battent. »

Jeanne Galzy (1883-1977), *Le Retour dans la vie*, 1926

Circuler

* « Je vous aime Français et roi je vous respecte.
Beaucoup de votre sang circule en moi. […] »

Paul Verlaine (1844-1896), « À Léopold I, roi des Belges », *Dédicaces*, 1890

Cochon

Un temps de cochon

Roman (Julien Nègre éditeur, 2019) de Christophe Sigognault

Cœur

* « Puis donc, Amour, que tu n'as pas voulu
À ma tristesse accorder cette joie
Que dans mon cœur mon doux seigneur ait lu,
Ni vu les pleurs où mon chagrin se noie,
Dis-lui du moins, et tâche qu'il le croie,
Que je vivrais, si je ne l'avais vu.
Dis-lui qu'un jour, une Sicilienne

Le vit combattre et faire son devoir.
Dans son pays, dis-lui qu'il s'en souvienne,
Et que j'en meurs, faisant mon mal savoir. »

Alfred de Musset (1810-1857), « Complainte de Minuccio »,
Poésies complémentaires, 1857

* « Elle a lu dans mon cœur. Vous savez
le surplus [...]. »

Pierre Corneille (1606-1684), *Cinna*, 1641, acte V, scène 3

« Dis-moi, ma Claire, aurait-elle lu dans le cœur
de ton amie ? »

G. C. Vermehr-Brouwer, *La Providence veille*, 1835

Quand même autre chose que de lire comme les Chinois « l'heure dans l'œil des chats » (Baudelaire, « L'Horloge », *Le Spleen de Paris*)...

* « Rassasié de paix, de silence et d'extase,
Le limon de mon cœur descend au fond
du vase ;
J'entends chanter en moi les brises d'autrefois,
Et je me sens tenté d'essayer si mes doigts
Pourront, donnant au rythme une âme
cadencée,
Tendre cet arc sonore où vibrait ma pensée.
S'ils ne le peuvent plus, que ces vers oubliés
Aillent au moins frémir et tomber à tes piés ! »

Alphonse de Lamartine (1790-1869), *Méditations poétiques*, 1820

* « Nous savons plaire de cent façons
Par l'éclat, la douceur et cet art admirable
De tendre aux cœurs des hameçons. »

Jean de La Fontaine (1665-1685), « Le Différend de beaux yeux et belle bouche », *Contes*, 1671

« Quelle joie, en effet, quelle douceur extrême,
De se voir caressé d'une épouse qu'on aime !
De s'entendre appeler petit cœur, ou mon bon !
De voir autour de soi croître dans sa maison,
Sous les paisibles lois d'une agréable mère,
De petits citoyens dont on croit être père !
Quel charme, au moindre mal qui nous vient menacer,
De la voir aussitôt accourir, s'empresser,
S'effrayer d'un péril qui n'a point d'apparence [...]. »

Nicolas Boileau (1636-1711), « Les Femmes », Satire X, 1693

« J'ai cherché encore en rêvant par habitude
le cœur déçu [...]. »

Marcel Anglès, *Ma vie est là*, Éditions Baudelaire, 2014

Cœur déçu

Roman (1896) d'Édouard Delpit (1896)

« [...] le vaincu de son cœur. »

Victor Hugo (1802-1885), *Les Quatre Vents de l'esprit*, 1881

« Dans mon cœur comme un rameau nu
Demeure l'amour d'une absente
Malgré les printemps revenus
Dans mon cœur comme un rameau nu
Toi que jamais jamais je n'eus
Faut-il que seule je te sente
Dans mon cœur comme un rameau nu ? »

Lanzo del Vasto (1901-1981), « Le Triolet inachevé » (1936), *Le Chiffre des choses*, Robert Laffont, 1942

Contrepèteries involontaires mais vers poignants du poète, inconsolé, qui évoque inlassablement l'amour perdu de Mary.

Colère

« Je courais, n'osant point me retourner, traînant mon lourd sommeil où des Puissances de colère massives éclairées d'en-bas par le brasier trônaient [...]. »

Pierre Emmanuel (1916-1984), *Sodome*, dans *Œuvres poétiques complètes*, vol. 1, L'Âge d'homme, 2001

Colossal

« Je me souviens de :
Quelle est la différence entre la Tour Eiffel,
ta chemise et ma famille ?

La première est colossale, la seconde est sale
au col et ma famille va très bien merci ! »

Georges Perec (1936-1982), *Je me souviens*, Hachette, 1978

Et Perec fait entrer la devinette à contrepèterie en littérature…

Combat

* « Mon père, retenez les femmes qui s'emportent,
Et de grâce empêchez surtout qu'elles ne
sortent.
Leur amour importun viendrait, avec éclat,
Par des cris et des pleurs, troubler notre
combat […]. »

Pierre Corneille (1606-1684), *Horace*, 1640, acte II, scène 8

Compte

« De Tristan Bernard, portant l'étoile jaune sous l'Occupation allemande : "Quelle triste époque : tous les comptes sont bloqués et tous les Bloch sont comptés." »

Jean-Michel Perronnet, *Devinettes pour dire, lire, écrire*, Hachette, 2008

Compter

« Marches qui savez notre histoire,
Aux jours pompeux de votre gloire,
Quel heureux monde en ces bosquets !
Que de grands seigneurs, de laquais,
Que de duchesses, de caillettes,
De talons rouges, de paillettes,
Que de soupirs et de caquets,
Que de plumets et de calottes,
De falbalas et de culottes,
Que de poudre sous ces berceaux,
Que de gens, sans compter les sots ! »

Alfred de Musset (1810-1857), « Sur trois marches de marbre rose »,
Poésies nouvelles, 1857

Les sots, les cons… éternelle engeance ! Dans « l'ennuyeux parc de Versailles » comme partout…

Concierge

« Pourvu qu'un prisonnier anglais ait de quoi satisfaire l'avidité des Concierges & des geôliers, il peut se livrer à tous les excès de la débauche la plus infâme […]. »

Augustin Pierre Damiens de Gomicourt (1723-1790),
L'Observateur français à Londres, 1770

Une contrepèterie déjà relevée par Luc Étienne.

Conter

« N'est-ce pas une comédie
De l'entendre conter vos faits [...] ? »

Paul Scarron (1610-1660), *Le Virgile travesti*, publié entre 1648 et 1653

« Voilà notre petit héros qui n'est point poétique [...] qui prendra la plume quand je voudrai pour vous conter les faits [...]. »

Mme de Sévigné (1626-1696), Lettre à Mme de Grignan, 16 décembre 1688

* « Le vent nous conte sa vieillesse, le vent nous conte sa jeunesse... »

Saint-John Perse (1887-1975), *Exil*, Gallimard, 1945

Confus

« On ne règle plus à la règle.
Hurlu burlu, tout est confus. »

L'ami de Ronsard, Jean Antoine de Baïf (1535-1589), *Les Mimes. Enseignements et proverbes*, 1581

« Sans la lumière, tout est difforme, tout est confus [...] »

Jacques-Bénigne Bossuet (1627-1704), *Méditation sur la brièveté de la vie*, 1648

« C'est M. de Coutufon qui a été voir Mme de Foncoutu et Mme de Foncoutu qui est allée voir M. de Coutufon. »

Claude Prosper Jolyot de Crébillon, dit Crébillon fils (1707-1777), auteur libertin, *Tableaux des mœurs du temps*, 1911

Reprise d'une phrase ancienne, un jeu d'esprit. Un traquenard phonétique doublé de contrepèteries coquines.

Coquette

* « Si votre âme les suit et fuit d'être coquette,
Elle sera toujours comme un lis blanche et nette [...]. »

Molière (1622-1673), *L'École des femmes*, 1662, acte III, scène 2

* « Une coquette est un tyran qui veut tout asservir pour le seul plaisir d'avoir des esclaves. D'elle-même idolâtre, tout le reste ne lui est rien [...]. »

Jean-François Marmontel (1723-1799), *Contes moraux*, 1775

Mère coquette

Une comédie mordante en 5 actes de Philippe Quinault (1635-1688)

Titre exact, à rallonge : *La Mère coquette ou les Amants brouillés*, 1666.

Autre titre, autre coquette :

* *La Coquette de village ou le Lot supposé*

Comédie (1716) de Charles Rivière Dufresny (1648-1724)

Cor

« J'aime le son du cor le soir au fond des bois [...]. »

Alfred de Vigny (1797-1863), « Le Cor »,
Poèmes antiques et modernes, 1826

« Le Cor », un des plus célèbres poèmes de Vigny. Charles Trenet, tout en contrepétillance, l'évoquait en chanson :

« Oui oui oui oui
J'aime, j'aime cet air-là
Ce poème qui fait ma joie [...]
J'aime le son du cor
J'aime le corps du son
J'aime le sort du con le soir au fond de moi »

Le Cor, 1992

Cornet

Le Cornet à dés

Recueil poétique (1916) de Max Jacob (1876-1944)

Ou « Le décor à nez »… un nouveau titre aussi surréaliste que son créateur de poète qui a généreusement usé de calembours, de coq-à-l'âne et de contrepèteries.

Corps

« Si tu me demandes avec attention mais sans persévérance si ton âme remue ton corps, je te répondrai mais si bas que tu n'entendras pas […]. »

Nicolas Malebranche (1638-1715),
Méditations chrétiennes et métaphysiques, 1683

Côté

« Le 7, il y eut trêve des deux côtés.
C'était le jour de la Fête-Dieu »

Alexandre Dumas (1802-1870),
Les Mémoires de Joseph Garibaldi, 1860

Cou

« Sur ton cou large et rond, sur tes épaules
grasses,
Ta tête se pavane avec d'étranges grâces ;
D'un air placide et triomphant
Tu passes ton chemin, majestueuse enfant. »

Charles Baudelaire (1821-1867), « Le Beau Navire »,
Les Fleurs du Mal, 1857

Coucher

* « Oh ! qui verra deux fois ta grâce
et ta tendresse,
Ange doux et plaintif qui parle en soupirant ?
Qui naîtra comme toi portant une caresse
Dans chaque éclair tombé de ton regard
mourant,
Dans les balancements de ta tête penchée,
Dans ta taille indolente et mollement couchée,
Et dans ton pur sourire amoureux,
et souffrant ? »

Alfred de Vigny (1797-1863), *La Maison du berger*, 1844

Coup

* « Ces princes ont tous deux si bien senti
vos coups
Qu'à vous le découvrir leur bouche se dispose. »

Molière (1622-1673), *Psyché*, 1671

« À bout de course, épuisé, ivre de fatigue
et de sommeil, il fut reçu [...]. »

André Chamson (1900-1983), *Nos ancêtres les Gaulois*, Gallimard, 1958

Cour

« [...] la cour récompense bien mal aujourd'hui
les gens de service [...]. »[5]

Molière (1622-1673), *Les Précieuses ridicules*, 1659

Courage

« Que tu pénètres mal le fond de mon
courage ! »

Pierre Corneille (1606-1684), *Rodogune*, 1647, acte IV, scène 5

5 Contrepèterie signalée par Joël Martin.

Ce même fond de courage se retrouve souvent sous la plume de Corneille (par exemple dans *La Galerie du Palais*, où il est relevé par Jacques Antel).

Cours

« Le lendemain le jour qui éclaira par le hublot tout notre attrait de voyageuses au long cours […]. »

Françoise Quern, *Passagères au long cours*, 1939

Long cours

Roman (1936) de Georges Simenon (1903-1989)

Un sujet bien connu du père de Maigret… qui confessait en avril 1977 à son ami Fellini avoir eu 10 000 femmes (dont 8 000 professionnelles). Simenon, séducteur insatiable voire pathologique…

Court

« […] est-il conforme aux saints discours
De porter les cheveux courts ou longs ? »

Victor Hugo (1802-1885), *Cromwell*, 1827, acte II, scène 15

« Je reconnais bien là ma tactique admirable.
Dans tout ce que je fais j'ai la triple vertu
D'être à la fois trop court, trop long et
décousu. »

Alfred de Musset (1810-1857), *Namouna*, 1852

Courir, coureur

* « Qui donc voir ? Il faut bien hurler avec les loups. On me court, je suis bon, comment faire ? »

Thomas Corneille (1625-1709), *La Comtesse d'Orgueil*, 1671, acte IV, scène 4

« Et mon intérêt seul est le but où tu cours. »

Jean Racine (1639-1699), *Esther*, 1689, acte II, scène 5

« [...] il court d'un pas rapide
et croit déjà son triomphe assuré [...]. »

Évariste de Parny (1753-1814), *Goddam*, 1804

« À travers les soldats, il court d'un pas rapide :
Coligny l'attendait d'un visage intrépide [...]. »

Voltaire (1694-1778), *La Henriade*, 1723, Chant II

« Il court, il court, le furet
Le furet du bois, mesdames,
Il court, il court, le furet,
Le furet du bois joli.
Il est passé par ici,
Il repassera par là. »

Chanson traditionnelle

Cette rengaine est souvent interprétée comme une contrepèterie raillant le cardinal Dubois, principal ministre du Régent, Philippe d'Orléans, et grand amateur de parties fines : « Il fourre, il fourre, le curé Dubois joli… »

* « Comme elle court ! voyez : par les poudreux sentiers,
Par les gazons tout pleins de touffes d'églantiers,
Par les blés où le pavot brille,
Par les chemins perdus, par les chemins frayés,
Par les monts, par les bois, par les plaines, voyez
Comme elle court, la jeune fille ! »

Victor Hugo (1802-1885), *Les Orientales*, 1829

« Un soir, encore gamin, tu errais seul dans la campagne en revenant de l'école, courant sans but, sautant d'un horizon à l'autre, ton cartable fixé au dos, lorsque tu butas sur une pierre et te blessas au genou. »

René de Obaldia (1918-), *Sur le ventre des veuves*, Grasset, 2014

« Bien courir n'est pas un vice :
On court pour gagner le prix ;
C'est un honnête exercice :
Bon coureur n'est jamais pris. »

Jean Passerat (1534-1602), *Satyre Ménippée*, 1595

« C'est, je pense, un bon coureur, n'est-ce pas ?
– Un bon coureur ? Et comment ! C'est un des plus grands champions de ces dernières années. »

Guy Bretéché, *Torpeur des maisons jaunes de Birmanie*,
Éditions du Petit véhicule, 1998

La Solitude du coureur de fond

Recueil de nouvelles d'Alan Sillitoe (1928-2010), 1959,
traduit par François Gallix (Seuil, 1999)

Cousine

La Cousine Bette

Roman (1846) de Balzac (1799-1850)

Un titre qui pourrait donner « La quête bousine »…

Coûteux

« Les contrepèteries de Pantagruel à L.-P. Fargue [...] jusqu'au "méfiez-vous des dons coûteux" de ma jeunesse ou "le jus de sapin/ apaise mon angine". »

Paul Morand (1888-1976), *Journal inutile*, t. II,
Gallimard, 2001, 15 juillet 1974

Cri

« Le rire, les concerts, le cri des vendangeurs
Fixent sur le coteau les regards du chasseur. »

Jean-François de Saint-Lambert (1716-1803), *Les Saisons*, 1769

Crier

« En entendant crier les gonds rouillés [...], mademoiselle de Verneuil avança la tête. »

Honoré de Balzac (1799-1850), *Les Chouans*, 1829

Croix

La Croix de feu

Roman de Diana Gabaldon (1952-), 2001, traduit par Philippe Salvi (Presses de la Cité, 2003)

Cru

« Il n'y a que des gars du coin, des g/ars du cru et – qui l'eût cru ? – surtout des vieilles. »

Raphaël Paquereau, *Le Monde des Backpackers*, Souffles littéraires, 2020

Culture

« Culture, tu r'cules. »

Louis Scutenaire (1905-1987), *Mes inscriptions, 1964-1973*, Brassa, 1981

« Quand j'entends le mot culture, je vois des champs, des bœufs, une alouette, une belle fermière », disait « Scut »…

D

Danse

« Danse mabraque »

Léon-Paul Fargue (1876-1947), *Haute solitude*, Émile-Paul frères, 1941

Mabraque, macabre…

Haute solitude, le livre le plus autobiographique de Fargue, où il évoque ses flâneries, ses souvenirs, ses bonheurs et ses tristesses… et la « danse mabraque » du monde. Avec le pressentiment d'un désastre imminent confirmé par la Deuxième Guerre mondiale.

« […] je me mis à danser comme un ballot. »

Cyrille de Lasteyrie (1969-), *Les caniches se font rarement un brushing le dimanche*, Le Courrier du livre, 2020

Date

« Aucune préférence, répondit Sylvie, je vous laisse le choix. – Le choix dans la date, c'est ça ? reprit Manu sur un ton malicieux. »

Jean-Pierre de Langlard (1953-), *Les Lacets du destin*, Publibook, 2011

Fameuse contrepèterie (attribuée à Luc Étienne)…

Déceler

* « Heureux, si je pouvois, avant que m'immoler
Percer le traître cœur qui m'a pu déceler ! »

Jean Racine (1639-1699), *Mithridate*, 1673

Décocher

« Déc/ochons, déc/ochons, déc/ochons
Des traits
Et détrui, et détrui,
Détruisons l'ennemi,
C'est pour sau, c'est pour sau,
C'est pour sauver la patrie ! »

Alfred Jarry (1873-1907), *Les Jours et les Nuits*, 1897

Contrepèterie (Jarry en raffolait) joliment escortée : cochons, truies & pourceaux…

Déçu

« La jalousie d'une femme déçue est parfois excusable. »

Max Du Veuzit (1876-1952), *Nuit nuptiale*, Tallandier, 1951

« Une femme déçue est capable de tout. »

Frédéric Dard dit San Antonio (1921-2000),
Certains l'aiment chauve, Fleuve noir, 1975

Délice

* « [...] Notre amour abusée
Des sourires d'Avril écoutait les prémices ;
L'été qui les suivit ne nous a pas charmés ;
Le printemps promettait de plus belles délices. »

André Gide (1869-1951), « Août », dans Gérard Walch,
Anthologie des poètes français contemporains, 1907

Dent

« La bouche de baisers trempés
Triomphe de la dent qui mord. »

Léon Riotor (1865-1946), *Jeanne de Beauvais, poèmes légendaires*, 1899

Déplorer

* « Infortunés tous deux, dignes qu'on vous déplore !
Moins malheureux pourtant que je ne suis encore,
Puisque de tous les maux qui sont tombés sur vous,
Vous n'en sentez aucun, et que je les sens tous ! »

Jean Racine (1639-1699), *La Thébaïde ou les Frères ennemis*, 1664, acte V, scène 2

Désir

Un tramway nommé désir

Pièce de théâtre de Tennessee Williams (1911-1983), 1947, traduite par Paule de Beaumont (Bordas, 1949)

Deviner

« Devine, si tu peux et choisis, si tu l'oses. »

Pierre Corneille (1606-1684), *Héraclius*, 1647, acte IV, scène 4

Ah ! ces choix cornéliens…

Devine si tu peux

Proverbe dramatique (1774) de Louis de Carmontelle (1717-1806)

« Devine si tu peux et choisis si tu l'oses, je n'ai ni deviné ni osé. »

Félix Mornand (1815-1867) [*in* Larousse de 1870]

Dick

Moby Dick

Roman (1851) d'Herman Melville (1819-1891)

Dieux

* « Je suis ravi, assis entre les dieux,
Quand le bonheur me conduit auprès d'elle. »

Pierre de Ronsard (1524-1585), *Amours*, 1552

Le Dieu vivant

Roman (J. Ferenczi et fils, 1940) d'André Michel (1903- ?)

Divan

« Parfois je revoyais la plage, la rivière, les collines, la maison et, sur la galerie délabrée, le vieux divan, mais comme en rêve [...]. »

Robert Lalonde (1947-), *L'Ogre de Grand Remous*, Seuil, 2016

Douceur

La Douceur du lin

Roman (L'ABC de l'édition, Québec, 2016) de Jacquie Patenaude

Doux

« Ce mois si doux, si frais, si gai,
Où l'amour est volupté pure ! »

François Chatelain (1801-1881), *Fleurs des bords du Rhin*, 1866

Drapeau

Trois couleurs, un drapeau

Livre (Librairie A. Cart, 1942) d'Alex Cart,
préfacé par Pierre Mac Orlan (1882-1970)

E

Échelle

« Alors profitant de ce moment d'exaltation, il saisit l'échelle de soie [...]. »

Alexandre Dumas (1802-1870), *La Dame de Montsoreau*, 1846

Écho

L'Écho des murs

Roman (Téraèdre, 2018) de Martine Layani-Le Coz

Écume

L'Écume des mots/

Titre de nombreux romans, de recueils de poésie...

Enlacer

« On se veut, on s'enlace
On se lasse, on s'en veut
Je t'enlacerai, tu t'en lasseras
L'amant se lamente
L'amant cela ment »

Louise de Vilmorin (1902-1969), *L'Alphabet des aveux*, Gallimard, 1954

Appelée « Madame de » (allusion à l'un de ses romans), Louise de Vilmorin s'attribua le surnom de « Marilyn Malraux » (allusion cette fois à ses amours avec André Malraux). Elle disait encore : « Louise est mon nom de guerre lasse. »

« Nous aimons mieux farandoler en pensée sur le pont d'Avignon et enlacer les brunes. »

Alice Delon, *Le Rhône a conté*, H. Peladan, 1971

Ennui

* « Bientôt la pesante vieillesse
Va succéder aux beaux jours.
Alors les ennuis de la vie
Chassant l'aimable volupté [...]. »

Jean-Jacques Rousseau (1712-1778), *L'Allée de Silvie*, 1760

Envie, envier

* « Excusez un amant que trouble sa misère,
Qui tout prêt d'être heureux envie encor le sort [...]. »

Jean Racine (1639-1699), *Andromaque*, 1667

« N'est-ce pas une bien belle chose d'être veuve, indépendante et sans amour ? J'envie ton sort. »

George Sand (1804-1876), *Jacques*, 1834

« [...] j'envie ton sort : la Providence l'a permis et l'a fait. Je ne puis m'en plaindre. »

François René de Chateaubriand (1768-1848), *Mémoires d'outre-tombe*, 1848

« On dit qu'en dépouillant la vie
Elle parut la regretter
Et jeta des regards d'envie
Sur les fers qu'elle allait quitter. »

Victor Hugo (1802-1885), « La Mort de Mlle de Sombreuil », *Odes et ballades*, 1875

Épée

« Il y a deux arbitres d'épée, Montespan et Montluc [...]. »

Mme de Sévigné (1626-1696), Lettre à sa fille, 8 septembre 1680

« Noblesse d'épée ! dit modestement Fil de Fer. Songeant qu'il était désormais pour ses amis le comte du Tertre [...]. »

Robert Sabatier (1923-2012), *Olivier et ses amis*, Albin Michel, 2012

Épine

« Tu ne crains pas les épines, les échardes [...] ? »

Micheline Boussugue, *Le Chant de la forge*, Archipel, 2015

Étoile

« Langue sans mots de l'air, dont seul je sais
le sens,
Dont aucun verbe humain n'explique
les accents,
Mais que tant d'autres nuits sous l'étoile
passées
M'ont appris, dès l'enfance, à traduire
en pensées. »

Alphonse de Lamartine (1790-1869),
Le Désert ou l'Immatérialité de Dieu, 1856

F

Faire

« Fais ce que voudras » (« Fay ce que vouldras »)
[Fesse que voudras]

François Rabelais (1494-1553), *Gargantua*, 1534

Devise de l'abbaye de Thélème où chacun vit selon son « vouloir et franc arbitre ».

Inscription placée sur la grande porte de Thélème :

« Ici n'entrez pas juristes mâchefoins
Clercs, basochiens, qui le peuple mangez
Juges d'officialité, scribes et pharisiens
Juges anciens qui les bons Parisiens
Ainsi que les chiens jetez au charnier
Votre salaire est au gibet
Allez y braire ; ici il n'y a nul excès
Qui puisse en vos cours susciter un procès »

Autre « antistrophe » (non fortuite) du même Rabelais :

« Madame sachez que je suis tant amoureux
de vous que je n'en peux ni pisser ni fianter
[...] mais (dit-il) équivoquez sur "À Beaumont le
Vicomte".
– Je ne saurais, dit-elle.
– C'est (dit-il) à Beau con le vit monte [...]. »

Pantagruel, 1532

On ne fait pas l'amour, c'est l'amour qui nous fait

Essai (Le Courrier du livre, 2021) d'Alain Héril

Fard

« Monsieur, encore un coup, je vous le dis sans
fard. »

Thomas Corneille (1625-1709), *Le Feint Astrologue*, 1663

« Je vous le dis sans fard.
Repassez plus tard. »

Armand Montjoie (1816-1871), *Un roi malgré lui*, 1856

Fausse

« D'abord elle paraît fausse mais avec un peu plus d'attention [...]. »

Gustave Flaubert (1821-1880), Lettre à Ernest Chevalier, 1838

Faute

La Faute de l'abbé Mouret

Roman (1875) d'Émile Zola (1840-1902)

Femme

« Vous ne mc parlez plus de ces belles contrées
Où d'un peuple poli les femmes adorées
Reçoivent cet encens que l'on doit à vos
yeux [...]. »

Voltaire (1694-1778), *Zaïre*, 1732, acte I, scène 1

« Je suis à vous, femmes chéries, adorées ! »

Restif de la Bretonne (1734-1806), *Les Provinciales ou Histoires des filles et des femmes de France dont les aventures sont propres à fournir des sujets dramatiques de tous les genres*, 1791

« Elle est comme toutes les femmes adorées dont on se laisse dire : “Ah ! si vous la connaissiez.” »

Champfleury (1821-1889), *Les Bourgeois de Molinchart*, 1856

« Consultez le goût des femmes dans les choses physiques et qui tiennent au jugement des sens [...]. »

Jean-Jacques Rousseau (1712-1778), *Émile ou De l'éducation*, 1762

Le Goût des femmes laides

Roman (Gallimard, 2007) de Richard Millet (1953-)

Fer

* « Dans notre égalité, nous chérissons nos fers [...]. »

Voltaire (1694-1778), *Mahomet ou le Fanatisme*, 1741

* « Cessez indignes fers [...]. »

Pierre Corneille (1606-1684), *Médée*, 1635

« Un cheval mal ferré d'un fer plein de défauts
Fit des trous dans la route en allant au galop
Moralité :
Tel fer, telle piste. »

Boris Vian dit Bison Ravi (1920-1959),
Vercoquin et le Plancton, Gallimard, 1946

« Un urinoir enfer de rouille se rongeait
L'éclaboussure à travers lui se propageait
Tel fer, telle pisse. »

Sylvain d'Y, régent du Collège de Pataphysique

Deux variations sur une même contrepèterie…

Autres jolies contrepèterie et mutation sémantique de Vian : *Lady Be Good* (de George Gershwin) devient sous l'Occupation *Les Bigoudis* (francisation pour la censure allemande).

Fêtes

* « La voilà, disent-ils, en tumulte ils accourent ;
Ils s'appellent l'un l'autre ; ils la fêtent, l'entourent ;
Se plaignent qu'elle ait pu si longtemps les quitter.
Elle rit ; on la suit pour l'entendre chanter. »

André Chénier (1762-1794), *Les Bucoliques,* 1819

* « Sais-tu bien qu'aujourd'hui l'on commence la fête ? »

Thomas Corneille (1625-1709), *Le Geôlier de soi-même*, 1655

* « Tout me lasse,
Fête, chasse [...]. »

Victor Hugo (1802-1885), *Toute la lyre*, 1888

« Mais venez la nuit tombe et la fête commence. »

Victor Hugo, « Un chant de fête de Néron », *Odes et ballades*, 1822

Fesse

« [...] il disoit qu'il n'y avoit qu'une antistrophe entre femme folle à la messe et femme molle à la fesse. »

François Rabelais (1483-1553), *Pantagruel*, 1532

La célébrissime contrepèterie...

On considère Rabelais comme l'inventeur du procédé en littérature. Autre auteur ancien, amoureux de l'antistrophe (intentionnelle) : Étienne Tabourot (XVIe siècle), auteur des *Bigarrures du seigneur des Accords*, qui aura inspiré en son temps l'abbé de Poult de Joye (XVIIIe siècle). Sauf erreur, c'est Tabourot qui « imposa » le mot *contrepèterie.*

« Haro sur la fesse molle ! »

Jean-Claude Kaufmann (1948-), *La Guerre des fesses*, JC Lattès, 2013

Fétiche

« Dans l'esprit du saint homme commençait à se dessiner néanmoins l'image d'un fétiche maléfique. »

Henri Prévost Allard, *Contes tropéziens*, Albin Michel, 2017

Fétiche maléfique / chétif famélique.

Feu

* « Clindor. – Me prenez-vous pour homme à nuire à votre feu ?
Adraste. – Sans réplique, de grâce, ou nous verrons beau jeu. Allez, c'est assez dit. »

Pierre Corneille (1606-1684), *L'Illusion comique*, 1636, acte II, scène 7

* « Malheur aux cœurs d'airain qui tiennent en prison
Un feu né pour s'étendre au gré de la raison [...]. »

Cardinal de Bernis (1715-1794), *Épître sur l'amour de la patrie*, 1803

De « Babet la Bouquetière » (surnom donné à Bernis par Voltaire trouvant son style trop fleuri), on retient généralement quelques mots brillants (pour beaucoup apocryphes). Exemple : « Je préfère le paradis pour son climat mais l'enfer pour ses fréquentations. » Un autre ? « Trop de culture épuise un champ fertile. »

* « Qu'entre mon firmament et mon œil qui s'y lève
Aucun plafond jaloux n'intercepte mon rêve
Et que j'y vois surgir ses feux sur les coteaux
Comme de blanches nefs à l'horizon des eaux
[...]. »

Alphonse de Lamartine (1790-1869), « À M. de Musset en réponse à ses vers », *Méditations poétiques*, 1820

« Ah ! pour qui ce coup de feu ? »

Alexandre Dumas (1802-1870), *Urbain Grandier*, 1839

Dumas nous a aussi donné un recueil de nouvelles intitulé : *Un coup de feu.*

Hemingway (1899-1961) : *Trois coups de feu...*

Autre ouvrage, de Louis Delmas (1888), au titre joliment contrepétant : *Blessure du rectum par coup de feu* (si, si...).

Comme une chaleur de feu de camp

Roman jeunesse (Hurtubise, 2017) d'Amélie Panneton (1985-)

Feuille

« Elle cousait des bourgeons, des feuilles artificielles et de petites boules rouges qu'elle fabriquait elle-même [...]. »

Jean Dempere-Gomez, *Campanar*, Éditions Cairn, 2013

Fils

« Puissent mon frère et mes sœurs effacer par leur bonne conduite et leurs succès jusqu'à la trace des peines dont j'ai été la cause ou l'objet !... Ce sont les vœux ardents de votre fils. »

Mirabeau (1749-1791), Lettre à son père (du donjon de Vincennes)

* « On veut nier en vain les choses et
les hommes :
Nous aurons à nos fils une page à laisser. »

Alfred de Musset (1810-1857),
« Sur la naissance du comte de Paris »,
Poésies nouvelles, 1850

« Ah ! d'un vœu qui vous rend aux vœux
de votre fils [...]. »

Crébillon père (1674-1762), *Idoménée*, 1703

Idoménée… roi de Crète.

Les Fils de l'air

Roman (Flammarion, 2009) de Johan Heliot (1970-)

Fille

« Ce fut encore cet apologue qui châtia la fille coureuse. »

Jean Chrysostome Bruslé de Montpleinchamp (1641-1724),
Le Festin nuptial dressé dans l'Arabie heureuse au mariage d'Ésope, de Phèdre et de Pilpai avec trois fées, 1700

Fin

« Mon Dieu ! faut-y que j'aye du guignon pour aller m'affectionner à une mauvaise comme vous qui me malmène sans fin ni cesse et sans rime ni raison, me disait-elle dans son beau langage du temps de la Régence [...]. »

Marquise de Créquy (1714-1803), *Souvenirs*, 1873

La marquise évoque charitablement la « très-naturelle », très « acerbe », très « revêche » Mme de Maurepas, sœur d'un duc de La Vrillière.

« Nous en faisons plus en une heure,
– Et notre besogne est meilleure, –
Qu'elles n'en faisaient en un mois,
À travailler sans fin ni cesse [...]. »

Maxime Du Camp (1822-1884), « La Bobine »,
Les Chants modernes, 1860

« On se battrait sans fin ni cesse [...]. »

Alice Ferney (1967-), *Dans la guerre*, Actes Sud, 2013

Fine

« Et quand je l'ai eu bien polie, patinée, taillée en pierre fine, sortie du ruisseau où je l'avais ramassée une nuit [...], ce bellâtre astiqueur de rimes est venu me la prendre chez moi [...]. »

Alphonse Daudet (1840-1897), *Sapho*, 1884

« Pierre fine » : un grand classique relevé déjà par Étienne Tabourot (XVIe siècle) dans ses *Bigarrures*.

« Celui-ci [...] me montre une pierre fine placée au creux de sa main droite. »

John Renmann, *Les Colonnes du temps*, Librinova, 2015

Flanc

* « Je lui bâtis un temple et pris soin de l'orner,
De victimes moi-même à toute heure entourée,
Je cherchais dans leurs flancs ma raison égarée :
D'un incurable amour remèdes impuissants ! »

Jean Racine (1639-1699), *Phèdre*, 1677, acte I, scène 3

Flatteur

« [...] Raoul Alaséchat, c'est le degré zéro de la drague, le Padirac du gringue, le non-être du boniment, le premier échelon du rentre-dedans. Gare à la pétulance du flatteur, mais, le champagne aidant, il s'enhardit [...]. »

Louise Sponkerverkrofchtenberg,
Quand trépassent les autruches, Éditions Glyphe, 2020

La contrepèterie est courue, courante. On la retrouve encore dans un roman de Jeanne-A Debats (1965-) :

« Faites donc ça, dis-je sans y croire car je me méfiais de la pétulance du flatteur. »

Testament. L'intégrale, éditions ActuSF, 2021

Flotter

« Du menton il désigne la manche qui flotte sous la bise artificielle de la climatisation. »

Frédéric Gonzalès (1967-), *Le Choc des époques*,
Éditions de la Mouette, 2008

Foi

« Toutes les jeunes filles doutent de leur foy. »

Étienne Tabourot (1547-1590),
Les Bigarrures du seigneur des Accords, 1591

* « Je n'ai plus d'yeux pour vous, vous en avez pour moi !
En faut-il plus encor ? je renonce à ma foi.
Rigoureuse vertu dont je suis la victime,
Ne peux-tu résister sans le secours d'un crime ? »

Pierre Corneille (1606-1684), *Horace*, 1641

Folie

« Ophélie
Est folie
Et faux lys
Aime-la
Hamlet ! »

Michel Leiris (1901-1990), *Bagatelles végétales*, 1939

Force

« [...]. Tu me crois peut-être
Un homme comme tous les autres, un être
Intelligent, qui court droit au but qu'il rêva.
Détrompe-toi. Je suis une force qui va !
Agent aveugle et sourd de mystères funèbres !
Une âme de malheur faite avec des ténèbres ! »

Victor Hugo (1802-1885), *Hernani*, 1830, acte III, scène 2

Forêt

« Faux roi des eaux, forêt d'oiseaux »

Robert Desnos (1900-1945), revue *Littérature*, n° 7, décembre 1922

Fosse

« La fosse fermée, nous avons tiré des rafales de kalach. »

Ahmadou Kourouma (1927-2003), *Allah n'est pas obligé*, Seuil, 2000

Victor Hugo évoquait aussi de telles fosses :

* « Il se mêle à l'encens une vapeur qui sort
Des fosses mal fermées. »

Les Châtiments, 1853

Fou

Le Plus Fou des deux

Roman (JC Lattès, 2019) de Sophie Bassignac (1960-)

Fouiller, fouilles

« Sans doute les Duveyrier s'étaient empressés de fouiller cette caisse pendant la nuit. »

Émile Zola (1840-1902), *Pot-Bouille*, 1882

« On espère s'enchanter longtemps encore du produit de ses fouilles curieuses. »

Nicolas Galaud, Pascal Sigola, *Luc Étienne, ingénieur du langage*, Bibliothèque municipale de Reims, 1998

« Ils cueillent, herborisent, ramassent, courent, fouillent, grattent et jardinent. »

Jacques Perry (1921-2016), *Le Gouverneur des ruines*, Éditions du Rocher, 2002

« J'aimerais fouiller votre coin.
Mais ce n'est pas l'époque des fouilles, vous allez m'obliger à changer de coin [...]. »

Rafaël Pividal (1934-2006), *Pays sages*, Éditions Rupture, 1997

« On va rentrer et fouiller dans tous les coins. »

Serge Colonnese, *Un jaguar sur un vélo*, Éditions du Panthéon, 2020

Foule

* « La foule raillait leur démence [...]. »

Victor Hugo (1802-1885), *Les Contemplations*, 1856

* « Il te met dans la foule ainsi qu'un misérable [...]. »

Molière (1622-1673), *Les Femmes savantes*, 1762, acte III, scène 5

* « Elle tressaillit à ces mots, se leva précipitamment et alla se mêler à la foule pour entendre louer celui qu'elle aimait. »

Germaine de Staël (1760-1817), *Corinne ou l'Italie*, 1807

« [...] et on raconte qu'obligée de se mêler à la foule, elle avait toujours sur elle pour en combattre les odeurs une petite boîte de sels. »

Henri d'Alméras (1861-1938),
Autour de l'échafaud, quand Démos est roi, 1934

L'auteur évoque ici Théroigne de Méricourt.

Foulée

« Vous avez vraiment une belle foulée [...]. »

Hélène Philippe, *En toi*, Harlequin, 2014

Frite

« De belles frites bien dorées, ça te tenterait ? »

Gaétan Bérubé, *Onde de choc chez les Rafales*,
Éditions du Tullinois, 2020

Fuite, fuir

* « L'homme fuit dans les trous […]. »

Victor Hugo (1802-1885), *Le Satyre*, 1859

* « Il s'est subitement éloigné de ces lieux
Et sa fuite a trompé mon désir curieux. »

Molière (1622-1673), *Sganarelle ou le Mari qui se croit trompé*, 1660

Fumer

« Sur les révolvers, il faudrait inscrire "tuer fume". »

Sylvain Tesson (1972-), *Aphorismes dans les herbes et autres propos de nuit*, Éditions des Équateurs, 2011

G

Garde

« Qu'il se tienne donc sur ses gardes ! »

Walter Scott (1771-1832), *Charles le Téméraire*, 1830

Gâteau

« [...] j'installe sur nos genoux du rahatlukum, des bananes trop avancées et des grogs froids avec des gâteaux salés. »

Colette (1873-1954), *Claudine à Paris*, 1900

Genoux

« Si quelqu'un vous parle d'amour, s'il tombe à vos genoux, oh ! fuyez [...] ! »

Auguste Anicet Bourgeois (1806-1871), *Les Sept Péchés capitaux*, 1859

Glaive

« Le glaive impitoyable entame chaque rang. »

Patrie et religion. Essais poétiques, 1839

Gourmand

« Le premier talent d'un gourmand est
de reconnaître ses semblables. »

Perla Servan Schreiber (1943-), *Et nourrir de plaisir*, Stock, 1996

Goût

Le Goût du blanc

Roman (Mercure de France, 2017) de Fabienne Alice

Grand

« Pour l'œil du penseur qui voit vivre l'histoire,
deux grands aigles planent perpétuellement sur
le Rhin [...]. »

Victor Hugo (1802-1885), *Le Rhin*, 1842

« Des aigles ! les plus grands aigles du monde ! et ils mimaient leur vol et ils lançaient en langue quechua des mots que je ne comprenais pas et ils riaient de mon air ahuri. »

Henri Gougaud (1936-), *Les Sept Plumes de l'aigle*, Seuil, 2014

« Il se tut, se rassit, et il y eut un grand silence. »

Stendhal (1783-1842), *Le Rouge et le Noir*, 1830

Beaucoup de romans comportent en leur titre ce « grand silence ». Citons seulement : *Le Grand Silence des prêtres* de Jean Kamp (Éditions Mols, 2000) et *Tenir debout dans le grand silence* de Mickaël Glück (La Passe du Vent, 2020).

Le Grand Meaulnes

Célèbre roman (1913) d'Alain Fournier (1886-1914)

Grec

Choix de mots grecs

Ouvrage (1844) de Charles Louis Longchamp (1802-1874)

* « Ouïr confusément, tout près de mon oreille,
Les mots grecs [...]. »

Victor Hugo (1802-1885), *Les Rayons et les Ombres*, 1840

Grotte

« Étiennette et son amant Gontran l'avaient caché dans une grotte […]. »

Marie-Bernadette Dupuy (1952-), *La Grotte aux fées*, Presses de la Cité, 2016

* « Caché dans une grotte humide
Où vient mourir le flot amer […]. »

Évariste de Parny (1753-1814), *Les Déguisements de Vénus*, 1830

Guerre

Guerre et paix

Roman (1865) de Léon Tolstoï (1828-1910)

« Père et gay » ou « Guère épais »…

La Guerre des boutons

Roman (1912) de Louis Pergaud (1822-1915)

Chroniques de la guerre des fées

Série (Éditions Soleil, 2012) de Thomas Mosdi et Kyko Duarte

H

Habile

« Je change d'idée
À suivre les brises de fil fin
À suivre tes jambes tes mains tes yeux
La robe habi**l**e qui **t**'invente
Pour que tu la remplaces. »

Paul Éluard (1895-1952), « Les Semblables », *La Vie immédiate*, 1932

Habit

* « Si le portrait dit vrai,
Les ha**bits** sont **men**teurs. »

Pierre Corneille (1606-1684), *La Suite du Menteur*, 1645

« J'ai caché ma fierté sous des ha**bits** **men**teurs. »

Xavier Aragau, *Autour du soleil*, Le Lys bleu, 2021

* « Vous n'êtes pas honteux ? L'habit/ du comte ! »

Victor Hugo (1802-1885), *Ruy Blas*, 1838

Habiter, habitant

« Muses habitantes de l'Olympe, révélez-moi l'origine du monde [...]. »

Hésiode (VIIIe siècle av. J.-C.), *Théogonie*, traduction d'Anne Bignan, 1838

« [...] Socrate disait que les bons poètes recueillent la diversité de leurs vers dans les vergers où les Muses habitent. »

Pontus de Tyard (1521-1605), *Solitaire premier ou Dialogue de la fureur poétique*, 1575

Les muses qui habitent... grand classique.

* « Mais la douceur de vos yeux
En amertume est confite,
Souvent la couleuvre habite
Dessous une belle fleur. »

Joachim Du Bellay (1522-1560), « Villanelle », *Divers jeux rustiques*, 1558

« On a du bol, Manuel Gonzales habite Sète [...]. »

Yves Desmazes (1953-), *Syndrome K. Le Pont du diable*, TDO Éditions, 2021

Manuel est un gros mytho ! Tout comme celui qui habite Troyes…

« La force qui me gagne en secret l'habite. »

Henri Queffélec (1910-1992), *Le sursis n'est pas pour les chiens*, Stock, 1972

Hépatite

Hépatites virales en mots simples

Ouvrage (L'Harmattan, 2013) de Njoya Oudon

Ne pas confondre : hépatites virales et patates viriles…

Homme

« […] que ces vaillants hommes se battaient fort bien. »

Alexandre Dumas (1802-1870), *Robin des Bois, prince des voleurs*, 1872

Le Vieil Homme et la Mer

Roman d'Ernest Hemingway (1899-1961), 1952, traduit par Jean Dutourd (Gallimard, 1952)

Honfleur

« Terminons par ce mot que j'ai vu de mes yeux écrire par un brave et rougeaud prêtre venu en pèlerinage : Quelquefois la langue me fourche et au lieu de dire : ami d'Honfleur, je dis : fleur d'ami d'Hon… »

Alphonse Allais (1854-1905), *Journal (1892-1897)*,
La Table ronde, 1967

Humer

« Puis il descendait sur le quai pour y humer l'air de la Garonne. »

Jean-Paul Malaval (1949-), *Quai des Charrons*,
Presses de la Cité, 2002

Hypocrite

« Hippocrate et Démocrite étaient-ils des hypocrites et des démocrates ? »

Jean-Michel Ribes (1946-), *Cris écrits*, Actes Sud, 2018

J-K

Jeu

« […] ces jeux de fous qui mettent le feu
aux joues ? »

Robert Desnos (1900-1945), *Rrose Sélavy*, 1922

Joie

* « Faisons ce que tous deux devraient faire
avec joie […]. »

Pierre Corneille (1606-1684), *Andromède*, 1650

« […] et où l'on frémit de joie et d'amour […]. »

Collectif, *L'Abbé Bruel, curé de campagne, semeur de joie*,
Diocèse de Saint-Flour, 1969

Jonc

* « J'ai perdu, en me promenant sur la route de Fermain-Bay, ma canne, très beau jonc [...]. »

Victor Hugo (1802-1885), *Pierres (vers et prose)*, Milieu du monde, 1951

Jour

Le Jour le plus long

Roman de Cornelius Ryan (1920-1974), 1959,
traduit par France-Marie Watkins (Robert Laffont, 1963)

Kirsch

« – [...] Et ça c'est quoi ? Il goûtait au dessert.
[...]
– Mou/sse au kirsch. Du kirsch de Bâle. »

Claude Rank (1925-2003), *Coup bas pour une grève*, Fleuve noir, 1977

L

Lâcher

* « Je ne veux pas les lâcher »

Paul Éluard (1895-1952), *Les Yeux fertiles*, 1936

Lait

* « Notre laitière ainsi troussée
Comptait déjà dans sa pensée
Tout le prix de son lait […]. »

Jean de La Fontaine (1621-1695),
« Perrette et le pot au lait », *Fables*, 1678

Lambeau

Le Lambeau

Récit (Gallimard, 2018) de Philippe Lançon (1963-)

« Le beau lent ».

Lard

« Tout en regardant le maître de poste couper son lard [...]. »

Charles-François Landry (1909-1973), *Domitienne*, Éditions Rencontre, 1970

Lardon

« Un lieur de chardons est mort à Falaise /
Un chieur de lardons est fort à Malaize. »

Étienne Tabourot (1547-1590), *Les Bigarrures du seigneur des Accords*, 1591

Les lieurs – et les lieuses – de chardons sont légion ! On les retrouve encore sous la plume de Rabelais : « Cette femme est une lieuse à chardons » (*Pantagruel*).

Lasser

« Je ne puis me lasser de repenser en vous. »

Pierre de Ronsard (1524-1585), *Amours*, 1552

Latin

« J'en perds mon latin. Je ne crois plus rien, ça tourbillonne dans ma tête. »

Jean-Louis Fournier (1938-), *Trop*, Éditions de la Différence, 2014

Lecteur

« J'avais peur d'entendre sa voix abîmée par la bière fustiger la clique des lecteurs, la secte des lecteurs. [...] Ne pas fâcher les lecteurs de Santenac ! »

Alain Rémond (1946-), *Les romans n'intéressent pas les voleurs*, Stock, 2007

Libido

Libido sur ordonnance

Essai (Éditions Acteurs de la société, 2004) d'Alexandra Huguet

« Bide au lit ».

Lieu

* « Pour prude consommée en tous lieux elle passe. »

Molière (1622-1673), *Le Misanthrope*, 1680, acte III, scène 3

Lièvre

« Les lièvres n'aiment guère la ch/asse. »

Abbé de Poult de Joye (1710-1779), *Manuel du galant chasseur*, cité par Luc Étienne, *L'Art du contrepet*, Pauvert, 1957

Le XVIIIe siècle ne nous a pas donné beaucoup d'antistrophes intentionnelles. Celle-ci – toute délicate – l'était probablement. Après avoir dévoré les *Bigarrures* de Tabourot, l'abbé de Poult de Joye se jetait « à corps perdu dans l'étude de la contre-petterie, laquelle étude » lui aura procuré « quelques-unes des plus douces et des plus pures joies ».

Linge

« Je fourrai le linge dans le sac et rentrai chez moi. »

Haruki Murakami (1949-), *La Fin des temps*, traduction de Corinne Atlan, Seuil, 2009

Lion

Le Fils du lion

Roman (Éditions Signe de piste, 1988) de Gérard Viguié (1949-)

Livre

* « Car, pour vous découvrir le fond de ma pensée,
Je me plais aux livres d'amour. »

Jean de La Fontaine (1621-1695), « Ballade », *Contes et nouvelles*, 1665

Loi

« Et par l'amour d'Égée, assise au rang des rois,
Sur un peuple puissant qui reconnaît ses lois. »

Claude Frédéric-Henri Mazoyer (1775-1841), *Thésée*, 1801

Lolita

Lolita

Roman (1955) de Vladimir Nabokov (1899-1977)

« L'île au tas ».

Long

* « Car de tout long ouvrage à la Cour
on s'ennuie. »

Joachim Du Bellay (1522-1560), *Le Poète courtisan*, 1559

Loup

« Le bon loup et la bonne fille »

Titre d'une fable répertoriée dans *Les Légendes animales*, 1874

Encore une histoire de fille qui a vu le loup…

* « Velu, fauve, il a l'air d'un loup qui serait bon ;
Il a sept pieds de haut comme Jean
de Bourbon […]. »

Victor Hugo (1802-1885), « Éviradnus », *La Légende des siècles*, 1871

« Ce n'est pas une bête en son gîte éveillée, / Ce n'est pas un fantôme éclos sous la feuillée, / Ce n'est pas un morceau de l'ombre du rocher / Qu'on voit là-bas au fond des clairières marcher ; / C'est un vivant qui n'est ni stryge ni lémure ; / Celui qui marche là, couvert d'une âpre armure »… c'est le grand chevalier Éviradnus ! impressionnante création hugolienne tapie dans *La Légende*.

Le Loup des steppes

Roman d'Hermann Hesse (1877-1962), 1927, traduit par Juliette Pary (Renaissance du livre, 1931)

Un roman culte des années 1960-1970.

Les Loups cachés

Roman de Céline Kiernan (1967-), traduit par Cédric Perdereau (Calmann-Lévy, 2011)

Lune

« Il est né comme ça : en rêvant d'un moteur. C'est con, hein ? C'est con comme la lune ! C'est comme si, moi, j'éprouvais du désir pour un aspirateur. »

Pascal Lainé (1942-), *Virginité*, dans *Théâtre 1933-1999*, Fayard, 2000

« C'est pas mal ! que je disais ou bien :
C'est moche ! C'est con comme la lune !
et ça renfermait toute l'analyse, tous mes mots alors comprimés comme dans une bourriche d'huîtres. »

Jean Meckert (1910-1995), *Les Coups*, Gallimard, 1942 (cité par Claude Duneton)

Lustre

« Un grand lustre au gaz pendait du milieu du plafond légèrement noirci par son voisinage [...]. »

Léopold Stapleaux (1831-1891), *Les Cocottes du grand monde*, 1879

« J'aime beaucoup son grand lustre [...]. »

Jacques Hiver (1944-), *Ze cercle*, L'Harmattan, 2016

Lutte

« Car il y a lutte entre les femmes à la mode... lutte passive mais acharnée dont les fleurs, les rubans, les pierreries et les sourires sont les armes [...]. »

Eugène Sue (1804-1857), *Arthur*, 1845

M

Main

« Il n'est pas du tout essentiel aux laïques d'avoir les mains souillées. »

Christophe Coudrette (1701-1774),
Dissertation sur les Bulles contre Baius, 1737

« Le Régent tenait ses mains souillées écartées du corps […]. »

Maurice Druon (1918-2009), *Les Rois maudits*, t. IV,
La Loi des mâles, Le Livre de poche, 1957

* « La triste Cornélie, à cet affreux spectacle,
Par de longs cris aigus tâche d'y mettre obstacle,
Défend ce cher époux de la voix et des yeux,
Puis n'espérant plus rien, lève ses mains aux cieux […]. »

Pierre Corneille (1606-1684), *La Mort de Pompée*, 1642

« Mais il vit tous les dos courbés au-dessus des tables, tous les nez pointés sur les sous-mains [...]. »

Philippe Rivaille, *Les Trois Vieilles*, Éditions du Masque, 1961

* « Votre secret, monsieur, est sûr entre mes mains [...]. »

Pierre Corneille (1606-1684), *La Suite du Menteur*, 1645

* « [...] tu m'as vue, ô nourrice d'hiver,
Sous la lourde prison des pierres et des fers
Où de mes vieux lions traînent les siècles fauves
Entrer, et je marchais, fatale, les mains sauves,
Dans le parfum désert de ces anciens rois [...]. »

Stéphane Mallarmé (1842-1898), *Hérodiade*, 1865

Les goûts et les couleurs... « Sauves » vire ici au mauve mais peut aussi se transformer en « suave ».

« Ses yeux sont derrière toi puis sur tes mains que tu tords. »

Martin Gouesse, *Le Silence des pères*, Éditions Filature(s), 2021

* « Ah ! tes mains que tu tords
Au lieu d'être à la tâche,
Tes lèvres que tu mords
Et leur silence lâche,
Et tes yeux qui sont morts ! »

Paul Verlaine (1844-1896), *Sagesse*, 1880

* « Je me suis appuyée sur la beauté du monde
Et j'ai tenu l'odeur des saisons dans
mes mains. »

Anna de Noailles (1876-1933), « L'Offrande à la nature »,
Le Cœur innombrable, 1901

* « Fais couler sur mes mains le ciel rose et
l'arôme tendre du jeune jour [...]. »

Marie Noël dite « la Fauvette d'Auxerre » (1883-1967),
Les Chansons et les Heures, 1922

Les Mains sales

Pièce de théâtre (1948) de Jean-Paul Sartre (1905-1980)

« Les malsains ». Il y a aussi *Les Mains sales*.

« L'empressement très inconsidéré de deux
ou trois philosophes de Paris de donner de
la vogue à cet ouvrage, au lieu de ne le mettre
qu'en des mains sûres, m'a beaucoup nui. »

Voltaire (1694-1778), Lettre à Mme la comtesse d'Argental,
novembre 1764

Malin

« Eh ! bien voilà ! c'est pas bien malin, et ils en usent de ce truc-là à notre barbe ! »

Gaston Leroux (1868-1927), *Les Cages flottantes,* 1913, le premier tome du palpitant roman-feuilleton *Chéri-Bibi*

C'est pas bien malin / Passez bien la main…

Marchand

Marchand du sel

Ouvrage (Le Terrain vague, 1958) de… Marcel Duchamp

Matin

« Les coqs, lui disait-il, ont beau chanter matin,
Je suis plus matineux encore. »

Jean de La Fontaine (1621-1695), « L'Âne et ses maîtres », *Fables*, 1668

L'histoire de « L'âne d'un jardinier qui se plaignait au Destin / De ce qu'on le faisait lever devant l'aurore »…

Matinée

Grasse matinée

Pièce (L'Avant-Scène théâtre, 2007) de René de Obaldia (1918-)

La Grasse Matinée est encore un poème de Prévert (*Paroles*, Le Point du jour, 1946), un roman de Bertrand Poirot-Delpech (Denoël, 1960)… On la retrouve aussi dans un texte de Bobby Lapointe (texte soufflé par Joël Martin qui précise : « Bobby, la grâce t'animait ! ») :

« T'en souvient-il, tordu, la **grasse matinée** […] ?
De désir une vieille **garce t'animait**
T'offrant son trou en disant : "**Gratte ça, minet**"
Ton pied que tu enfouis jusqu'au **tarse, gaminet**
[…]

Texte inédit de la chanson « Grimace ratatinée en rime à grasse matinée »

Marié

« Monsieur de Mazarin ne veut point qu'il vienne à la cour avant que d'être marié. »

Philippe de Courcillon de Dangeau (1638-1720), *Journal*, 1854-1860

Maux

« Mais d'où vient qu'Épicure veut que j'oublie les maux passés puisque le souvenir en fait plaisir ? »

Cicéron (106-43 av. J.-C.), *Traité sur les vrais biens et les vrais maux*, traduction de Régnier Desmarais, 1818

Mélancolie

Le Guetteur mélancolique

Recueil poétique (Gallimard, 1970) de Guillaume Apollinaire (1880-1918)

Ou « Le Guetteur, l'élan comique ».

La Vie mélancolique des méduses

Roman (Grasset, 2005) de François Léotard (1942-)

« La Vie, l'élan comique des méduses ».

Mélancolique rodéo

Autobiographie d'un génie de l'électro (J'ai lu, 2020), par Jean-Michel Jarre (1948-)

« L'élan comique, rodéo ».

Mentir

« Pauvre malheureux, tu mens debout ! »

Alfred Jarry (1873-1907), *Ubu roi*, 1896

Mentir debout ou bander mou…

J'ai encore menti

Roman (Flammarion, 2018) de Gilles Legardinier (1965-)

Mer

« Il faut passer la mer qui vous paraît méchante […]. »

Mme C. de Flamanville (ancienne institutrice
de la princesse Gagarine, née princesse de Menschikoff),
Eugénie ou le Calendrier de la jeunesse, 1824

* « Ô pins devant la mer / Ô poseurs de questions / Confuses et touffues […] »

Jules Supervielle (1884-1960), « Pins », *Poèmes*, Gallimard, 1946

« Passer la mer prend bien quatre journées […]. »

Sir John Mandeville, Xavier Walter, *Avant les grandes découvertes*, Alban Éditions, 1997

« L'âme des matelots est sœur de la mer pâle. »

Gaston Deschamps (1861-1931), *La Vie et les Livres*, 1894

La mer pâle… « nonchalante parfois, tranquille », et « qui sourit », et « l'on croit voir des paradis lointains »…

Message

« Je n'ai point su et mon père ne m'a point dit pourquoi le message de sa part […] peut être pour moins d'éclat et plus de ménagement pour la reine. »

Saint-Simon (1675-1755), *Mémoires, 1829*

Métier

* « Chacun son métier.
Les vaches seront bien gardées. »

Jean-Pierre Claris de Florian (1755-1794), *Fables*, 1792

Le proverbe existait déjà avant Florian qui le reprend et contribue à le populariser. L'ancien proverbe était : « On dit, quand chacun se mêle de son métier, les vaches sont bien gardées. » Moralité : tout va bien quand chacun se mêle uniquement de ce qui le regarde !

Les morales des fables de Florian sont encore couramment citées : « Pour vivre heureux, vivons cachés » (*Le Grillon*), « L'asile le plus sûr est le cœur d'une mère » (*La Mère, l'Enfant et les Sarigues*)...

Mille

« Chaque cep a dix mille branches [...]. »

Alphonse Karr (1808-1890), *Les Gaietés romaines*, 1870

Mine

* « Point de bien ! Votre bonne mine est un Pérou[6] [...]. »

Marivaux (1688-1763), *Les Fausses Confidences*, 1737, acte I, scène 2

Et qu'on ne soupçonne pas l'auteur d'une méchante antistrophe intentionnelle, pas le genre de la maison. De plus, le mérou n'apparaît dans le langage courant et dans nos

6 *Pérou* signifie ici richesse. Le mot désignait alors toute forme de richesse, même physique.

dictionnaires qu'un bon siècle plus tard. Cette contrepèterie, souvent citée en exemple, est devenue un grand classique.

« [...] ils aperçurent Pierrot à son poste [...]. Il portait des vêtements ternes, une mine pâle, et une expression résignée. »

Firmin Le Bourhis, *Peinture brûlante à Pontivy*, Éditions du Palémon, 2017

« [...] mais en voyant la piteuse mine du lépreux, il éclata de rire et n'eut pas le courage de se fâcher. »

Charles Renel (1866-1925), *Contes de Madagascar*, 1910

« Aussi je suis infiniment joyeux, dit Gorenflot avec la plus piteuse mine de la terre ; mais il n'en faut pas moins que je vous quitte. »

Alexandre Dumas (1802-1870), *La Dame de Montsoreau*, 1846

« [...] M. Jackal sonna Colombier qui parut pour la troisième fois et ne put s'empêcher d'étaler sa tristesse en voyant la piteuse mine que faisaient les deux amis, Brin d'Acier et Papillon. »

Alexandre Dumas (1802-1870), *Les Mohicans de Paris*, 1854

« Un homme de talent n'est qu'une poule mouillée, qui fait la plus piteuse mine sur le terrain. »

Émile Zola (1840-1902), *Une campagne*, 1880

« Il fait piteuse mine, il est exposé à tout, aux quolibets, pire de tout à une sorte de réprobation. »

Charles Péguy (1873-1914), *Œuvres en prose*, 1909-1914

* « Pourtant les gens à pâle mine
Ont bon courage et bonnes dents,
Grand appétit, grande poitrine,
Mais rien à se mettre dedans.
Et tout ça jeûne et tout ça danse [...] ! »

Jean Baptiste Clément (1836-1903), *Les Traîne-misère* (chanson), 1883

« Taisez-vous petite effrontée
Vous avez pâle mine
Je vois à vos jolis yeux bleus
Que l'amour vous domine »

Eugène Rolland, « La Bergère facile »,
Recueil de chansons populaires, 1883

« Ai-je donc une mine à perdre ? »

Alfred Jarry (1873-1907), *Ubu roi*, 1896

« Merdre » – le mot de cinq lettres en six – cher à Ubu. « Au commencement était le verbe » et le premier d'*Ubu roi* n'est autre que « merdre » !

Mineur

« La pioche du mineur, voilà, mon ami,
le symbole de l'avenir du monde. »

Pierre Larousse (1817-1875), *Grand Dictionnaire universel du* XIXe *siècle*, 1866

Ministre

« Vous en ferez des ministres décents, vertueux, laborieux [...]. »

Jules Claraz (1868-1944), *Le Mariage des prêtres*, 1912

Mohicans

Le Dernier des Mohicans

Roman de James Fenimore Cooper (1789-1851), 1826,
traduit par A.-J.-B. Defaucontret en 1826

« Le Merdier des hauts niquants ».

Moisi

Chorceaux moisis

Recueil humoristique de Georges-Armand Masson (Stock, 1958), prix Alphonse Allais en 1959 !

Mot

« À moi, Comte, deux mots. »

Pierre Corneille (1606-1684), *Le Cid*, 1637, acte II, scène 2

(À moi, Motte, deux cons…)

« Il faut passer par-dessus le mot, il faut passer par-dessus la pudeur. »

Pierre Grenaud, *Hommes du Maghreb et images ensoleillées*, L'Harmattan, 1997

* « Peut-être il suffira d'un mot un peu plus doux :
Roxane dans son cœur peut-être vous pardonne. »

Jean Racine (1639-1699), *Bajazet*, 1672, acte III, scène 1

« À huit jours de là, il rentra tenant à la gueule un mou de veau. »

Alexandre Dumas (1802-1870), *Mes Mémoires*, 1852

Je voudrais partir avec un mot de vous

Roman (Sydney Laurent Éditions, 2021) de Thierry Reno

Un mot de vous, mon amour

Roman (Le Cherche Midi, 2010) de Patrick Poivre d'Arvor (1947-)

* « Madame, un mot de vous me mettrait hors de peine. »

Pierre Corneille (1606-1684), *La Galerie du Palais*, 1633

Les Mots de ma vie

Dictionnaire (Albin Michel, 2011) de Bernard Pivot (1935-)

Au-delà de l'art des mots

Recueil poétique (Lulu.com, 2011) de Cédric Kouvahey

L'Art des mots, l'eau des mares

Album (Albin Michel, 1995) de Joël Martin,
illustrations de Rémy Le Goistre

« Dans le bateau rouge, le râteau bouge ! Premières contrepèteries pour lecteurs débutants : lire devient alors un jeu »…

Passeurs de mots

Roman (De Borée, 2017) de Michel Giard (1946-)

« Mon cœur bat si fort qu'on dirait qu'il veut s'élancer hors de moi. Mon imagination bouillonne et tu veux que je pèse mes mots ? »

Mirabeau (1749-1791), Lettre à « sa Sophie Gabriel », 20 mars 1778

« La poésie : quand les mots font l'amour, la mort fait la moue. »

Christian Moncelet, inédit

Moucher

« – Veux-tu nous marier tous deux Fanchette ?
– Oui, si tu veux te moucher. »

George Sand (1804-1876), *Le Diable aux champs*, 1855

Le diable aux champs et le diable au corps…

Moulin

« Monsieur dégoûté de la vie de Paris et désirant se retirer en province, échangerait joli moulin à café contre un café à Moulins. »

Pierre Dac (1893-1975), « Petites annonces », *L'Os libre*, octobre 1945

Mourir

« Partir c'est mourir un peu [...]. »

Et « Martyr, c'est pourrir un peu... », répond comme en écho Jacques Prévert, qui s'amusait à parodier ce fameux vers.

« Partir, c'est mourir un peu,
C'est mourir à ce qu'on aime :
On laisse un peu de soi-même
En toute heure et dans tout lieu.

C'est toujours le deuil d'un vœu,
Le dernier vers d'un poème ;
Partir, c'est mourir un peu,
C'est mourir à ce qu'on aime.

Et l'on part, et c'est un jeu,
Et jusqu'à l'adieu suprême
C'est son âme que l'on sème,
Que l'on sème à chaque adieu :
Partir, c'est mourir un peu... »

Edmond de Haraucourt (1856-1941), « Rondel de l'adieu »,
Seul, roman en vers, 1890

Muse

* « Salut ! Venez à moi de l'Olympe habitantes,
Muses ! Vous savez tout, vous, déesses ; et nous,
Mortels, ne savons rien qui ne vienne de vous. »

André Chénier (1762-1794), *Les Bucoliques*, 1819

Pour ceux que la Muse habite…

Mutin

« J'ai puni les mutins, j'ai dissipé l'orage ;
Vous êtes à l'abri du trouble & du carnage [...]. »

Baron de Beaumanoir, *Osman III*, 1770, acte III, scène 4

N

Nez

« Point de jeux de mains, madame, voyant qu'elle allongeait la sienne pour me saisir ; mon nez est chatouilleux, diable ! »

Anne Gédéon de La Fitte, marquis de Pelleporte (1754-1826), *Les Bohémiennes*, 1790

Le Nez d'un notaire

Roman à succès (1862) d'Edmond About (1828-1885)

Nid

« Avec un bâton, avec un fragment de roc, avec ses mains nues, il creuse, il obtient un nid qu'il tapisse de feuilles [...]. »

Suzanne de Arriba, *Augustin Mange-Lune*, La Mirandole, 1990

Autre nid, déniché par Jacques Antel :

* « C'est le vent qui décide
Si les feuilles seront
À terre avant les nids »

René Char (1907-1988), *Le Deuil des Névons*, Le Cormier, 1954

Niquedouille

« [...] peut-être ils nous avaient choisis à cause qu'on avait été assez niquedouilles pour se vanter d'être assez résistants. »

Michel Quint (1949-), *Effroyables jardins*, Joëlle Losfeld, 2000

« Niquedouille ! Mais soit ! Niquedouille suis et veux être. »

Romain Rolland (1866-1944), *L'Âme enchantée*, 1933

« Avance donc te faire voir, niquedouille !
Qu'on t'admire un peu... »

Yves Gibeau (1916-1994), *Mourir idiot*, Calmann-Lévy, 1987

Noces

« La fête des noces fut magnifique [...]. »

George Sand (1804-1876), « L'Uscoque »,
Revue des deux mondes, t. 14, 1838

Double permutation : on décale les sons et les mots. Et voilà un mariage bien parti !

« Je lui dirai que ma grand-mère fête ses noces d'or et que je dois l'aider à préparer tout ça. »

Claudie Gallay (1961-), *Avant l'été*, Actes Sud, 2021

« Pourquoi pas fêter ses noces d'argent et sortir des sets de table fantaisie pendant qu'on y était. »

Louis-Henri de La Rochefoucauld (1985-), *Un smoking à la mer*, Léo Scheer, 2011

On notera au passage la contrepèterie (approximative) obtenue avec le nom de l'auteur.

Nombre

« Toutes les dames d'une voix
Trouvent ses attraits peu de chose,
Et du nombre des amants qu'elle tient
sous ses lois,
Ma sœur, j'ai découvert la cause. »

Pierre Corneille (1606-1684), *Psyché*, 1671, acte I, scène 1

« On a trouvé assez étrange que cette veuve, renfermée depuis deux ans dans son château et ne voulant voir personne, reçût le même jour, et presque à la même heure, ce nombre d'amants et de tendres déclarations. »

Grimm (1723-1807), Diderot (1713-1784), *Correspondance littéraire*, septembre 1786

Nouille

Encore des nouilles. Chroniques culinaires

Chroniques de Pierre Desproges (1939-1988), parues en 1984-1985 dans *Cuisine et vins de France*

« Des nouilles encore des nouilles. Trois semaines de vacances en tout et pour tout dans l'année et pour manger des nouilles ! »

Roger Ikor (1912-1986), *La Pluie sur la mer*, Albin Michel, 1962

« Il dit qu'il se fait des nouilles encore et que dans un an il reviendra [...]. »

Vincent Naval, *Offre exceptionnelle*, Edilivre, 2016

O-P

Odyssée

L'Odyssée

Épopée (fin VIIIe siècle av. J.-C.) d'Homère

« *Les Dix Sots* ».

Opéra

Le Fantôme de l'Opéra

Roman (1910) de Gaston Leroux (1868-1927)

L'Opéra de quat'sous

Comédie musicale de Bertolt Brecht (1898-1956), 1928,
parue en 1930 dans une version française

L'apéro, une histoire de verres de contact, selon Antoine Blondin.

Orange

« L'Eau d'Orange verte. Pourquoi ? Pour rien c'était l'odeur de Papa. »

Valérie McGarry (1968-), *L'Horloge bio*, JC Lattès, 2002

Paille

La Paille et le Grain

Chronique (Flammarion, 1949) de François Mitterrand (1916-1996)

Paix

« Il n'y a pas un seul Français qui ne loue la Reine de la paix [...]. »

Antoine Anselme (1652-1737),
Oraison funèbre de Marie Thérèse d'Autriche, 1684

Anselme : le prédicateur préféré de Mme de Montespan, très tôt surnommé « le petit prophète » . Ses premiers sermons lui valurent la protection du marquis de Montespan, qui l'attacha à l'éducation de son fils. Venu avec eux à Paris, Anselme trouva rapidement une telle vogue que les paroisses – qui se disputaient sa prédication – devaient le retenir quatre ou cinq années à l'avance.

Pardon

« Vous gémirez sans fin dans ces lieux terribles où le pardon n'entra jamais. »

Mme Cottin (Sophie Restaud, 1773-1807), *Mathilde*, 1808

Parfum

Le Parfum

Roman de Patrick Süskind (1949-), 1985,
traduit par Bernard Lortholary (Fayard, 1986)

« À vue de nez un chef-d'œuvre », écrivait Pivot.

Parole

« Cette parole divine révérée [...]. »

Jacques-Bénigne Bossuet (1627-1704), « Quatrième sermon pour le jour de Pâques prêché devant le Roi », *Sermons*, 1772

Passer

« J'en passe et des meilleurs car j'en ai le tournis. »

Joseph Kessel (1898-1979) *Le Tour du malheur*, Gallimard, 1950

« Il a vu le Cocyte et les rivages sombres,
Et s'est montré vivant aux infernales ombres,
Mais [...] il n'a pu sortir de ce triste séjour
Et repasser les bords qu'on passe sans retour. »

Jean Racine (1639-1699), *Phèdre*, 1677

« Passez donc ici avec le Bien Aimé [...]. »

Bernard de Fontaine, abbé de Claivaux (1091-1153), *Sermons*, 1677

Peau

La Peau de chagrin

Roman (1831) de Balzac (1799-1850)

« Lapin de gros chat » ou « Chapeau de l'ingrat ».

Péché

« Un si doux péché pour une si belle cause,
cela est tentant [...] ? »

Alfred de Musset (1810-1857), *Lorenzaccio*, 1834

« Quand elle auroit avecque moy couché
Je suis certain que d'un si doux péché
Elle auroit grâce en priant de la sorte. »

Guy de Tours (1562-1611), *Premières œuvres et soupirs amoureux*, 1878

« Le doux vallon du Xarama
De leur doux péché fut complice. »

Victor Hugo (1802-1885), *Les Orientales*, 1855

Pédant

« Allez, grande barbe, pédant hérissé de grec.
Vous perdez le respect qui m'est dû. »

François de Salignac de La Mothe-Fénelon,
dit Fénelon (1651-1715), *Dialogues des morts*, 1712

« Mais j'en fus bientôt dégoûté ; ils étaient pédants [...]. »

Ibid.

Le Pédant joué

Comédie en 5 actes (1645) de Savinien Cyrano de Bergerac (1619-1655)

Peindre

« S'il trace des lignes et des cercles sur le sol avant de peindre ses toiles, ce sont autant de signes magiques [...]. »

Bernard Chambaz, *Éphémère*, Stock, 2020

Peine

* « Heureux tu jouis de ta peine [...],
Te remirant en ton ouvrage
Comme Narcisse en sa fontaine. »

Pierre de Ronsard (1524-1585), *Gayetez et épigrammes*, 1573

* « Des prix pour les vertus, des peines pour les crimes [...]. »

Pierre Corneille (1606-1684), *Horace*, 1640

Peine capitale

Roman de Santiago Roncagliolo,
traduit par François Gaudry (Points, 2017)

Peine capitale pour pâle capitaine...

Pénitencier

Le Pénitencier

Tome II (1922) de la saga *Les Thibault*
de Roger Martin du Gard (1881-1958)

Penser

« Il est temps d'y penser ! »

Nicolas Brazier, poète, chansonnier, goguettier et vaudevilliste (1783-1838), *Catherine ou la Croix d'or*, 1835

« Encore un coup, allons, il n'y faut plus penser. »

Jean Racine (1639-1699), *Bérénice*, 1670

« [...] je vous donne le temps d'y penser [...]. »

Mme de Sévigné (1626-1696), Lettre à Ménage, 1er octobre 1654

« Allons ! il n'y faut plus penser. »

Alfred de Musset (1810-1857), *Un caprice*, comédie en un acte, 1827, scène 5

« Il n'y faut plus penser [...]. Jenny, comprenez-vous cela ? »

Alexandre Dumas (1802-1870), *Richard Darlington*, 1831, acte I, scène 2

Penseur

« Ces penseurs nocifs sont devenus des noceurs pensifs. »

Antoine Blondin (1922-1991)

À propos des intellos fêtards qui s'amusaient dans les caves de Saint-Germain-des-Prés au début des années 1950.

« Penseur sans peur. »

Michel Leiris (1901-1990), *Langage tangage, ou ce que les mots me disent*, Gallimard, 1985

Les Maîtres penseurs

Essai (Grasset, 1977) d'André Glucksmann (1937-2015)

Le Penseur du dimanche

Essai (Éditions Max Chaleil, 1997) d'André Gillois (1902-2004)

Pente

« [...] nous nous jetons comme des fous à travers la pente, zigzaguant dans les pierres qui volent, riant, serrant nos mains entrelacées comme des enfants. »

Maurice Mourier (1936-), *Godilande ou Journal d'un mort*, Gallimard, 1974

Phare

« Je ne vois que tes yeux
Oh ! le doux phare ! »

Jean Berge (1863-1936), « Dans l'ombre, sur l'eau », *Voix nocturnes*, 1892

Philanthrope

La Philanthropie

Pièce en 7 actes (2014) de Franck David

« La tripe en folie ».

Philo

« MONIQUE. – La philo, la folie, moi…
BLAISE, *sans colère*. – Si vous ne dormez pas, si vous ne lisez pas, sortez. »

Jacques Audiberti (1899-1965), *L'Effet Glapion*, Gallimard, 1959

Pièce

La Pièce du fond

Roman d'Eugenia Almeida (1972-),
traduit par François Gaudry (Métailié, 2010)

Pin

Les Pins à résine d'Amérique

Ouvrage (1902) de Charles Joseph Pitard (1873-1927)

Pire

Le Soulier de satin, ou le pire n'est pas toujours sûr

Longue, longue pièce de théâtre (11 heures environ, 1929)
de Paul Claudel (1868-1955)

Poète

« Plus que poli pour être honnête, plus que poète pour être honni. »

Robert Desnos (1900-1945), *Rrose Sélavy*, 1922

La devise de Rrose Sélavy.

« Le poète qui rêve est un **néant** fé**cond**. »

Cet alexandrin attribué à Victor Hugo est saisi au vol chez Luc Étienne (*L'Art du contrepet*).

Pomme, pomme de terre

« Et la pomme en tournant évoque le pommier
le Paradis terrestre et Ève et puis Adam
l'arrosoir l'espalier Parmentier l'escalier
le Canada les Hespérides la Normandie
la Reinette et l'Api
le serpent du Jeu de Paume le serment du Jus de Pomme [...] »

Jacques Prévert (1900-1977), « Promenade de Picasso », *Paroles*, 1949

Extrait d'un recueil de poésies intitulé *Paroles*, parce que – dixit le poète – « paroles » est l'anagramme de « la prose »...

« Je préfère les **p**ommes de **t**erre aux tomes
de père, a dit Dumas fils. »

Michel Ohl (1946-2014), *Pauvre cerveau qu'il faut bercer*, Castor astral, 2006

Postérité

« J'aimerais mieux aller **hériter** à la **poste**
que d'aller à la postérité. »

Jean Commerson (de son vrai nom Jean-Louis Auguste, 1802-1879), *Pensées d'un emballeur*, 1851

« Écrire, l'art d'allonger le bras », disait-il.

Poule

* « Parfums, couleurs, systèmes, lois !
Les mots ont peur comme des poules. »

Paul Verlaine (1844-1894), *Sagesse*, 1880

Poussière

Rose poussière

Roman (Gallimard, 1972) de Jean-Jacques Schuhl (1941-)

Beaucoup de romans où se glisse la poussière. Pêle-mêle : *Il reste la poussière* de Sandrine Collette (Denoël, 2016) ; *Les Chemins de poussière* de Moira Young (Gallimard jeunesse, 2011-2015) ; *Poussière d'homme* de David Lelait-Helo (Anne Carrière, 2006) ; *Fais danser la poussière* de Marie Dô (Plon, 2006)…

« Je l'ai vu, tout couvert de sang et de poussière […]. »

Pierre Corneille (1606-1684), *Le Cid*, 1636, acte I, scène 5

Presse

* « En quelque endroit que j'aille, il faut fendre la presse
D'un peuple d'importuns qui fourmillent sans cesse.
L'un me heurte d'un ais dont je suis tout froissé ;
Je vois d'un autre coup mon chapeau renversé.
Là, d'un enterrement la funèbre ordonnance
D'un pas lugubre et lent vers l'église s'avance ;
Et plus loin des laquais l'un l'autre s'agaçants,
Font aboyer les chiens et jurer les passants.
Des paveurs en ce lieu me bouchent le passage ;
Là, je trouve une croix de funeste présage [...] »

Nicolas Boileau (1636-1711), *Satires*, 1666, satire VI, « *Les Embarras de Paris* »

Toujours du même Boileau :

« Sans crime un prêtre peut vendre trois fois sa messe ;
Pourvu que, laissant là son salut à l'écart,
Lui-même en la lisant n'y prenne aucune part. »

Ibid., satire II

« Les rangs y sont serrés : il faut fendre
la presse,
Un peuple de rivaux et t'assiège et te presse [...]. »

Jean-François de La Harpe (1739-1803), *Conseils à un jeune poète*, 1775

« Jacques remonte sur son cheval et fend
la presse [...]. »

Denis Diderot (1713-1796), *Jacques le Fataliste*, 1796

« Ah ! Ah ! quelle ombre fend la presse [...] ? »

Maurin de Pompigny (1766-1823), *Les Ombres anciennes et modernes ou les Champs Élisées*, 1783

* « Du peuple qui l'entoure Antoine fend
la presse [...]. »

Voltaire (1694-1778), *La Mort de César*, 1736

Prêt

« Tout est fin prêt ! Fin prêt, a répété Monsieur, in fine, voilà encore une expression qui en dit plus que cela n'en paraît ! »

Lola Sémon (1951-), *La Madeleine Proust*, Presses de la Cité, 2021

Printemps

« Il faut dire la crasse du tympan et non le Sacre du printemps. »

Marcel Duchamp (1887-1968), jongleur de mots, est encore l'auteur d'autres « texticules » (*sic*) :

« Du dos de la cuillère au cul de la douairière. »

« À charge de revanche, à verge de rechange. »

Textes publiés dans différentes revues sous le pseudo de Rrose Sélavy

Professeur

« Ce livre a failli s'appeler *Quel beau métier, professeur !* Était-ce bien sérieux de donner un titre en forme de contrepet [...] ? »[7]

Jean-Marie Tournier, *Heureux comme un professeur en France ?*
Librinova, 2019

7 « Contrepet du *Tout de mon cru* de Jacques Antel (1975) », précise Joël Martin.

Promise

Imagine la Terre promise

Roman (Plon, 1999) de Jacques Lanzmann (1927-2006)

Beaucoup d'ouvrages au titre approchant : *Une terre promise* de Barak Obama (Fayard, 2020) ; *Le Cavalier de la Terre promise* de Joseph Joffo (Ramsay, 1983) ; *La Terre promise* de Paul Bourget (1892) ; *Terre promise* d'André Maurois (La Maison française, 1945) ; *Cette terre promise* d'Erich Maria Remarque (ultime roman de l'auteur décédé en 1970) ; *Vue de la Terre promise* de Georges Duhamel (1934)…

Q

Quai

« L'œil y est trompé : on voit étinceler des dômes, des palais aux façades éblouissantes, de longs quais inondés d'une lumière douce et sereine [...]. »

Alphonse de Lamartine (1790-1869), *Voyage en Orient*, 1838

« Ô tristesse encore, les longs quais vides, embrumés [...]. »

Alexandre Natanson (1867-1936), *Le Roi fou*, 1894

* « Toi Seine tu n'as rien. Deux quais et voilà tout. »

Paul Verlaine (1844-1896), « Nocturne parisien », *Poèmes saturniens*, 1866

Quélus (le « q »…)

« J'aime Quélus à la folie »

Guillaume Apollinaire (1880-1918), *Le Roi-Lune*, 1916

Un des graffitis du palais du Roi-Lune. Une contrepèterie du poète qui en fait un usage modéré.

L'auteur des *Onze mille verges*, cette « espèce de Napoléon taillé dans du saindoux » mais « charmeur » et « enclin à bouffonner » selon Jean-Paul Crespelle (*Montmartre vivant*, Hachette, 1964) et André Billy (*Apollinaire vivant*, 1923), s'est essayé à la littérature érotique. Il rencontre à la Bibliothèque nationale deux autres amateurs : Fernand Fleuret et Louis Perceau (auteurs entre autres de romans libertins). Perceau… un nom bien connu des amoureux de la contrepèterie, qui fait paraître en 1934 la bible du genre : *La Redoute des contrepèteries.*

Mots durs, mots doux… Apollinaire, grand passionné, adresse à ses amoureuses de remarquables apostrophes adorantes : ma chère petite étoile palpitante, beau sein de neige rose, ma gazelle adorée, mes délices, mon guide, mon unique adorée, chère petite fée si lointaine, ma jolie biche aux yeux meurtris, ma jolie gemiah des contes arabes, ma douce étoile qui fait vibrer le ciel, ma chère extase, ma couleuvre voluptueuse… Et encore : ma belle petite perle ronde comme ton derrière, ma petite esclave au gros derrière… *Quélus, Quélus…*

Quitter

* « On ne se quittera que là-bas aux barrières. »

Victor Hugo (1802-1885), *L'Année terrible*, 1872

* « Approche-t-il du but, quitte-t-il ce séjour […]. »

Jean de La Fontaine (1621-1695), *Philémon et Baucis*, 1693

« Quoi donc ! C'est tout de bon que tu veux me quitter ! Tu ne dis mot, rêveur […]. »

Pierre Corneille (1606-1684), *La Place royale*, 1635, acte III, scène 2

Ici, deux contrepèteries possibles (veux/quitter et bon/quitter).

« La pipe de Vatrin ne quitte sa bouche que pour s'incliner gracieusement sur les bords de sa blague […]. »

Alexandre Dumas (1802-1870), *Histoire de mes bêtes*, 1867

« L'un des regrets de Pizarre, en quittant ces bords, fut d'y laisser ce vaillant jeune soldat. »

Jean-François Marmontel (1723-1799), *Les Incas ou la Destruction de l'empire du Pérou*, 1777

R

Radis

Le Gros Radis

Album enfant (Éditions Les Arènes, 2021) de Karine Michel

Raison

« Cripure de la raison tique »

Louis Guilloux (1899-1980), *Le Sang noir*, 1935

Cripure : surnom contrepétant donné par des potaches à un professeur de philosophie – personnage sombre et complexe – qui ne cessait d'évoquer l'œuvre célèbre de Kant : la *Critique de la raison pure*.

Reins

« [...] la grande Léontine avait les reins cassés [...]. »

Maurice Barrès (1862-1923), *L'Appel au soldat*, 1900

« Érection de mauvaise nature, comme celle des gens qui ont les reins cassés. »

Gustave Flaubert (1821-1880), Lettre à Louise Colet, 26 septembre 1852

Gautier, l'ami « Théo », « un homme pourtant fait pour être un artiste exquis », essuie une rafale de « compliments » dans cette lettre à Louise Colet. « Le journalisme le prive du loisir et de la tranquillité d'esprit indispensables pour écrire sérieusement », explique Flaubert. « Le poète qui s'adonne au journalisme sombre nécessairement dans l'amateurisme, l'ignorance et la superficialité. » C'est clair, c'est net, c'est dit et même bien dit : « On s'enfonce dans une obésité de l'esprit que l'on prend pour de la santé. » Déchéance du poète prostituant sa plume… Le véritable artiste serait donc pur et maudit ? et le journalisme « une putain qui l'abaisse » ?

« Il a les reins cassés, dit tout bas le patron, n'importe ! C'est un bon compagnon [...]. »

Alexandre Dumas (1802-1870), *Le Comte de Monte-Cristo*, 1844

« Que les faibles meurent les reins cassés, c'est la loi. »

Émile Zola (1840-1902), *Le Naturalisme au théâtre*, 1881

Rhin

« [...] voyons quels préparatifs on avait faits pour le passage du Rhin [...]. »

François-Louis Dedon-Duclos (1762-1830),
Relation détaillée du passage de la Limmat, 1801

Rhône

* « Je ne fis qu'entrevoir, en passant, ton visage.
Mon œil depuis ce jour est ébloui de toi :
Je plains le flot du Rhône où se peint ton image ;
Il la perd en fuyant, je l'emporte avec moi ! »

Alphonse de Lamartine (1790-1869), *Le Lac*, 1820

Riche

On ne prête qu'aux riches

Comédie en 3 actes (1939) de Tristan Bernard (1866-1947)

Ridicule

« La comédie nous enseigne à détester
nos ridicules. »

Molière (1622-1673), *Les Précieuses ridicules*, 1659

Rimbaud

« [...] et Robin, c'est une contrepèterie de Rimbaud. »

Marc Augé (1935-), *La Mère d'Arthur*, Fayard, 2005

Rimbaud – qui aimait le lit de verveine... – collectionnait, dit-on, les contrepèteries érotiques. Un exemple ? « Le bouillon court sur la rouille », qu'il faut lire « le bouillon roule sur la couille ».

Autres exemples, extraits des *Illuminations* (1886) : « Que j'aie réalisé tous vos souvenirs, – que je sois celle qui sait vous garrotter, – je vous **étoufferai** » (et je vous foutrai) ; « Qu'il n'y ait ici-bas qu'un vieillard seul, calme et beau, entouré d'un "luxe inouï", – et je suis à vos genoux » (je suis à vous, jeunot).

Rire

« Nous trouvâmes la chose en riant comme des paysans, un jour que nous récitions l'*Odyssée* sous les cyprès noirs de Maillanne. »

Paul Arène (1843-1896), lettre à Anatole France (1844-1924), 11 février 1891

Extrait d'une lettre qui se terminait ainsi : « Les dieux vous tiennent en joie ! »

Romancier

« Mais Victor Hugo l'a dit, un romancier poli ne vaut pas un roman policier. »

Luc Étienne (1908-1984), *L'Art du contrepet*, Pauvert, 1957

Roue

Le bigorneau fait la roue

Roman (Éditions Anne Carrière, 2016) d'Hervé Pouzoullic

* « Est-ce ta main qui fait la roue ? »

Paul Éluard (1895-1952), *La Vie immédiate*, 1932

Certains piochent des contrepèteries chez les poètes, d'autres y découvrent des titres de roman… C'est dans ce recueil, *La Vie immédiate*, que Françoise Sagan trouve le titre de son premier roman (Julliard, 1954), *Bonjour tristesse* : « Adieu tristesse / Bonjour tristesse / Tu es inscrite dans les lignes du plafond / Tu es inscrite dans les yeux que j'aime / […]. »

« Alors, sous le corsage que ragrafe la mieux satisfaite des veuves qui rôtissent le balai,
un paon blanc fait la roue. »

René Crevel (1900-1935), *Êtes-vous fous ?*, 1929

Surréaliste, bien sûr…

Rouille

Les Rouilles encagées

Livre de Benjamin Péret, écrit en 1928

Benjamin Péret (1899-1959) est un poète écrivain surréaliste. Ce livre, *Les Rouilles encagées*, sera censuré avant même sa parution. Il sera finalement publié par Éric Losfeld en 1970... pour être interdit l'année suivante. Il sera définitivement autorisé en 1975. Cet opus de 70 pages s'adresse à un « public averti ». On obtient le titre véritable de « cette curiosité poétique et littéraire » en le contrepétant. Rouilles encagées, couilles enragées...

« [...] c'est un roc en surplomb, un roc couleur de rouille. »

Charles-Ferdinand Ramuz (1878-1947), *La Grande Peur dans la montagne*, 1926

Rue

« [...] j'aimais ces rues que le printemps saturait de parfums de fleurs et d'herbe coupée [...]. »

Olivier Adam (1974-), *La Renverse*, Flammarion, 2016

Jacques Antel relevait aussi chez Apollinaire, ce « flâneur qui a aimé les rues et humé les quais » :

« Guider mon ombre aveugle en ces rues
que j'aimais »

« L'Émigrant de Landor Road », *Alcools*, 1913

* « Martin fonça à travers les ru/es vides »

J. M. G. Le Clézio (1940-), *La Ronde et autres faits divers*, Gallimard, 1982

Rumeur

« Rumeur de lyre »

Jacques Antel, avant-propos de *Ceux que la Muse habite*, Mille et Une Nuits, 2005

S

Sable

* « Réticentes amours sans cesse retirées,
N'épandrez-vous jamais sur mon aride sable
Cette fidélité grondante des marées,
Ces retours d'amertume à l'heure inéluctable ? »

François Mauriac (1885-1970), *Orages*, Grasset, 1949

Une histoire de plage sous la pluie, une histoire « au bord des vagues en sanglots ». De l'« infini de sable à l'infini des flots »…

Mauriac, « trop classique, trop catholique, trop bourgeois, trop XXe siècle »… Mauriac dont les romans s'effacent doucement et qu'on oublie peu à peu, mais Mauriac poète nostalgique, sensible et presque sensuel…

« Aimable souvent est sable mouvant »

Robert Desnos (1900-1945), *Corps et biens*, 1930

Sagesse

« "Sagesse n'est pas folie"… ? »

Anne-Lou Steininger (1963-), *Le Théâtre des mouches*, L'Âge d'homme, 1998

Cinq mots qui titrent encore un ouvrage dédié à la contrepèterie (d'Ahmédée & Lharidelle, Pierre Lhoray éditeur, 1973).

Sagesse serait aussi source de foi…

Sain

« […] les femmes brunes ont le lait le plus sain […]. »

Aristote (384-322 av. J.-C.), *Histoire des animaux*, traduction de Pierre Pellegrin, Flammarion, 2017

Saint

* « Une heure est à Venise – heure des sérénades,
Lorsqu'autour de Saint Marc sous les sombres arcades
Les pieds dans la rosée, et son masque à la main,
Une nuit de printemps joue avec le matin.
Nul bruit ne trouble plus, dans les palais antiques,
La majesté des saints debout sous les portiques. »

Alfred de Musset (1810-1857), *Contes d'Espagne et d'Italie*, 1829

Salaire

Le Salaire de la peur

Roman (Julliard, 1950) de Georges Arnaud (1917-1987)

Salaud

« – C'est pas du Port-Salut, c'est du pur salaud, fait l'ami Bérurier.
Ébloui par sa contrepèterie, il exulte :
– Elle est pas formidable celle-là, dis San-A ?
– Hors concours, Gros ! »

Frédéric Dard dit San Antonio (1921-2000),
Tu vas trinquer San Antonio, Fleuve noir, 1958

Salir

« Je vous salis ma rue
et je m'en excuse,
un homme-sandwich m'a donné un prospectus
de l'Armée du Salut
je l'ai jeté
et il est là tout froissé
dans votre ruisseau [...] »

Jacques Prévert (1900-1977), « Je vous salis, ma rue »,
Fatras, Gallimard, 1966

Salon

Le Salon de beauté

Roman de Melba Escobar, traduit par Margot Nguyen-Béraud
(Denoël, 2018)

Sang

« Divins anges, je reçois votre lettre du 21 de juin. Voici le temps où mon sang bout, voici le temps de faire quelque chose. »

Voltaire (1694-1778), Lettre à M. le Comte d'Argental, 29 juin 1763

« Marchands de grec ! marchands de latin ! cuistres ! dogues !
Philistins ! magisters ! je vous hais, pédagogues ! [...]
Car, avec l'air profond, vous êtes imbéciles ! [...]
– Mon **sang bout**
Rien qu'à songer au temps où rêveuse bourrique,
Grand diable de seize ans, j'étais en rhétorique ! »

Victor Hugo (1802-1885), *Les Contemplations*, 1856

* « L'enfer veut un laurier ; la mort veut une offrande ;
Ces deux rois ont juré d'éteindre le soleil ;
Le sang du globe va couler, vaste et vermeil [...]. »

Victor Hugo, *L'Année terrible*, 1874

« Quand je pense à vous, mon **sang bout**, ma poitrine se gonfle, mon cœur déborde ; mais cette force, cette ardeur, cette puissance surhumaine, je les emploierai à vous aimer [...]. »

Alexandre Dumas (1802-1870), *Le Comte de Monte-Cristo*, 1844

Sanglant

« [...] il lui ôta son habit en montrant à tous les trous sanglants [...]. »

Victor Hugo (1802-1885), *Les Misérables*, 1862

« Il tendit les mains grandes ouvertes aux bourreaux, les clous y firent deux trous sanglants. »

Émile Zola (1840-1902), « Le Sang », *Contes à Ninon*, 1864

Sauce

« Clare entre dans la cuisine, goûte la sauce, mais sans se prononcer. »

Jim Harrisson (1937-2016), *Retour en terre* (1977), traduction de Brice Matthieussent, Christian Bourgois éditeur, 2007

Sauver

« Hélène revint à pied et arriva à temps pour sauver sa sœur. »

Walter Scott (1771-1832), *La Prison d'Édimbourg*, 1818

Savoir

Le Gai Savoir

Ouvrage de Friedrich Nietzsche (1844-1900), 1882,
traduit par Henri Albert (1901)

Scruter

« Franchement, une tronche comme ça,
pas besoin de scruter le gars bien longtemps
pour l'avoir en mémoire. »

Nicolas Leram, *Hors programme*, Librinova, 2021

S'gratter le c...

Sécher

« Le linge ne sèche pas aisément en hiver. »

Pierre Richet, *Dictionnaire*, 1759

« On dirait un gros tas de linge étendu
qui sèche là-bas, sur la côte. »

Guy de Maupassant (1850-1893), « Alger, le 25 novembre 1888 »,
chronique parue dans *Le Gaulois*

Sel

Sels de bain et angel dust

Roman (Sydney Laurent éditeur, 2020) de Francis Paul

Le Sel et le Miel

Roman (Archipel, 2006) de Candi Miller

Sentir

« L'aurore étend ses bras roses autour du ciel. On sent la rose, on sent le thym, on sent le miel. »

Charles Cros (1842-1888), *Le Collier de griffes*, recueil de poésies posthume, 1908

« Elle sent le thym, je m'en rends compte tout à coup [...]. »

Vintila Horia (1915-1992), *Une femme pour l'apocalypse*, Julliard, 1968

Soir

Soir de fête

Roman (Éditions des Remparts, 1980) de Georgette Balagues

Titre de nombreux romans…

Solfège

« Quand tu remarques que "solfège"
est une contrepèterie de "loge-fesses",
tu comprends mieux pourquoi ça s'étudie
au Conservatasseoir. »

Marc Hillman(1951-), Emmanuel Savoye (1974-),
Le Drôle de Dico de la musique, J'ai lu, 2015

Sort

« Autrefois ignoré, mais content de son sort,
Il marcha sur les pas de ceux à qui la mort
Révèle les secrets de l'être et de la vie. »

Alfred de Musset, « Le Saule », *Poésies*, 1829

« Personne n'est content de son sort. »

Horace (65-8 av. J.-C.), *Satires*, livre I, traduit par Charles Batteux, 1823

« Agréable vue ! ô unique libérateur
de la maison d'Agamemnon, quel heureux sort
vous ramène en ces lieux ? »

Sophocle (495-406 av. J.-C.), *Électre*, acte IV, scène 2,
traduit par Raoul-Rochette, 1826

« Mais le sort vous ramène et je reprends courage ;
Vous êtes l'arc-en-ciel après un jour d'orage. »

Gaetano Donizetti (1797-1848), *Donizetti et M. Léon Pillet*, 1845

Soufflеur

« La différence entre un bébé qui tête et un premier prix d'horticulture potagère est que le premier est un **soufflеur de chair chaude** et le second un **chou-fleur de serre chaude**. »

Marcel Duchamp (1887-1968), *Duchamp du signe*, notes, textes, entretiens publiés entre 1914 et 1966

Source

« Nous allons nous baigner aux sources [...]. »

Maryline Desbiolles (1959-), *Le Neveu d'Anchise*, Seuil, 2021

« Pure comme le bruit des sources dans les bois,
Chaste comme un soupir de l'amour qui s'ignore [...]. »

Victor Hugo (1802-1885), *Les Chants du crépuscule*, 1835

T

Taquine

« Elle paraissait taquine. »

Kerstin Ekman (1933-), *Crimes au bord de l'eau*, 1933

Tas

« Il te faut monter sur le tas pour dégager
Gustave avant qu'il ne s'étouffe [...]. »

Georges Elliautou, *Gustave*, Edilivre, 2016

Tempête

« Ce beau nuage ô Vierge ! aux hommes est pareil.
Bientôt tu le verras, grondant sur notre tête,
Aux champs de la lumière amasser la tempête
Et leur rendre en éclairs les rayons du soleil. »

Victor Hugo (1802-1885), « Le Nuage », *Odes et ballades*, 1822

« Si tout le monde est en sécurité à la maison, eh bien, amenez-en des tempêtes ! »

Louise Penny (1958-), *Enterrez vos morts*, Actes Sud, 2013

Alexis Piron (1689-1773), dans ses *Odes*, ne disait pas autre chose :

* « Amenez les tempêtes ! »

Toujours Piron : « Muets, amenez ici la jeune Étrangère, que la tempête a jetée hier sur nos côtes & que j'ai confiée à votre garde. »

Temps

« La Fourmi n'est pas prêteuse ;
C'est là son moindre défaut.
"Que faisiez-vous au temps chaud ?
Dit-elle à cette emprunteuse.
– Nuit et jour à tout venant
Je chantais, ne vous déplaise.
– Vous chantiez ? j'en suis fort aise.
Eh bien ! dansez maintenant." »

Jean de La Fontaine (1621-1645), « La Cigale et la Fourmi », *Fables*, 1668

Tête

La Tête au carré

Essai (P.O.L, 2010) de Manuel Joseph (1965-)

Téter

* « Don Léopold Auguste. – Révoltant ! Dégoûtant ! Scandaleux ! Là, là, sous mes yeux, un poisson qui tette ! »

Paul Claudel (1868-1955), *Le Soulier de satin,* 1929

Thé

« Ne t'énerve pas, tu sais bien que les filles sont en train de s'occuper de ton thé ! »

Malika Mokeddem (1949-), *Je dois tout à ton oubli,* Grasset, 2008

« Viens là. Viens boire ton thé en regardant la lune. »

Caroline Sauvageot, *Dans ton ombre je peux briller,* TheBookEdition, 2007

Toit

* « L'eau tonne sur le toit ; / Toi, tu ronronnes. / Toiture : on ronne / Et le rat monne / Et la scie monne / Ah ! la Simone / Dort sous mon toit. / On scie mon toit / Mais Simon, toi / Tu t'en moques. »

Jean Desmeuzes (1931-2006), « Automne », *Matière charmée*, Éditions Saint-Germain-des-Prés, 1979

« Tout le monde dort sous mon toit, tout le monde, même mon gros chat Mouht, tourné gracieusement en rond de manière à cacher son nez rose dans ses longs poils. »

Journal des demoiselles, 1876

Tousser

« Il allait se contenter d'une gueule de bois. Tousser, se moucher, suer dans son lit sans que personne le prenne en pitié. »

Georges Simenon (1903-1989), *Le Chat*, Presses de la Cité, 1967

« Il retourna chez lui et passa la journée à tousser et se moucher. »

Alexis Martinez, *Les Ailes du serpent*, Librinova, 2020

Trouble

« Ô trouble extrême ! Que son parler est doux. »

Jacques Marie Boutet de Monvel (1745-1812),
Sargines ou l'Élève de l'amour, 1789

* « Mais le trouble était doux et je ne mourais pas. »

André Chénier (1762-1784), *Élégies*, 1819

Trouver

« [...] et elle avait trouvé cela si beau qu'elle se le rappelait toujours [...]. »

George Sand (1804-1876), *Rose et Blanche*, 1831

« Ta pauvre grand-mère aurait trouvé cela très bien. »

Marcel Proust (1871-1922), *À la recherche du temps perdu*, t. VI,
Albertine disparue (originellement titré *La Fugitive*), 1925

V

Vainca

Les Dieux vaincus

Roman (Éditions Marcel Gasnier, 1946) de Gilles Phabrey

* « Tout s'en va, les plaisirs et les mœurs d'un autre âge,
Les rois, les dieux vaincus, le hasard triomphant [...]. »

Alfred de Musset (1810-1857), « Sonnet au lecteur »,
Poésies nouvelles, 1852

Vent

* « Que sont mes amis devenus
Que j'avais de si près tenus
Et tant aimés
Ils ont été trop clairsemés
Je crois le vent les a ôtés
L'amour est morte
Ce sont amis que vent emporte
Et il ventait devant ma porte
Les emporta »

Célèbre *Complainte* de Rutebeuf (1230-1285),
chantée, entre autres, par Léo Ferré

Le même vers inspire encore un titre :

Ce sont amis que vent emporte

Roman (Flammarion, 1991) d'Yves Navarre (1940-1994)

« Journée de repos sur une mer toujours agitée aux coups du vent qui siffle dans nos mâts. »

Alphonse de Lamartine (1790-1869), *Voyage en Orient*, 1835

Le vent qui siffle – surtout dans la rue du quai… grand classique !

« Un petit vent coulis folâtrait sur son dos nu. »

Xavier Hanotte (1960-), *Du vent*, Belfond, 2016

« – Pure idée, Comtesse, par où voulez-vous que puisse entrer ici un vent coulis ?
– Un petit vent frais ! Un vent coulis ! Attendez, attendez, mes petits anges, je vais vous apprendre à traiter par-dessous jambe le souffle du diable ! »

Eugène Mouton dit Mérinos (1823-1902), *Contes*, 1881

« [...] je dis
Que c'est en vain qu'au fond des bois les vents hardis
Font bruire et parler la feuille et la ramure [...]. »

Victor Hugo (1802-1885), *L'Épée*, drame écrit en 1869, créé en 1902

« Et hurlez donc ! Hardi ! le vent – roi de l'espace ! »

Henry Muchart (1873-1954), « Le Vent », *Poèmes du Vent et de la Lune*, Éditions de la Revue des poètes, 1956

Le vent était autrefois surnommé « Monsieur Hardi ». « Le peuple appelle le vent Monsieur Hardi parce qu'il entre effrontément et sans demander congé », explique Philibert-Joseph Le Roux dans son *Dictionnaire* (1718).

Quelques échos encore de ce vent sans-gêne ?

« La fenêtre était ouverte, il y avait un courant d'air et le vent engouffré dans le corridor poussait la porte par légères secousses.
– C'est monsieur Hardi, disait la petite. Entrez donc, monsieur Hardi. Donnez-vous donc la peine d'entrer. »

Émile Zola, *L'Assommoir*, 1876

« "V'là l'joli vent, v'là le bon vent [...] mon ami m'appelle... [...]" Tiot s'agite et Diego chantonne dans mon demi-sommeil. »

Marie Darrieussecq (1969-), *Le Pays*, P.O.L, 2012

Verger

« Chanteuse dont la voix impérissable entraîne
Vers les jardins féconds et les calmes vergers,
Sois propice à ceux-là qui t'adorent, ô reine ! »

André-Ferdinand Herold (1865-1940), « Allégories sentimentales », *Mercure de France*, 1901

Le Verger des Muses

Livre (1911) de Charles-Théophile Féret (1858-1928)

Vessie

« Pierre Loto, capitaine de vessie »

Pour taquiner Victorien Sardou qui habitait Marly, Pierre Loti lui écrit en précisant sur l'enveloppe : « Victorien Sardi à Marlou ». Réponse de Sardou : « Mon cher Pierre Loto, capitaine de vessie »...

Vide

Les rues sont vides

Roman (Éditions Saint-Germain-des-Prés, 1977) de Jacques Parent

« Les façades aux fenêtres closes,
la chaleur, les rues vides composaient
un spectacle insolite. »

François Nourrissier (1927-2011), *En avant calme et droit*, Grasset, 2014

« [...] cette incompréhensible alternance de rues grouillantes et de rues vides. »

Georges Perec (1936-1982), *Les Choses*, Julliard, 1965

« [...] et des rues vides s'imprimaient
sur son corps transparent. »

Philippe Delerm (1950-), *Entrées libres*, Éditions du Rocher, 2018

Vie

La Vie devant soi

Roman (Mercure de France, 1975) d'Émile Ajar
(Romain Gary, 1914-1980)

Vierge

* « Il inventa le char à deux chevaux de front.
Il l'offrit à Diane, âpre vierge au vol
prompt [...]. »

Victor Hugo (1802-1885), *La Légende des siècles*, 1859

Vieux

« Grandval est devenu si gros et si vieux
que je ne l'ai pas reconnu pendant toute
la représentation. »

Horace Walpole (1717-1797), Lettre à Georges Montagu,
16 octobre 1765

« Ne dites rien à mon bon ami, cela lui ferait
de la peine et il est si vieux, il ne faut pas
le tourmenter. »

Sophie Rostopchine, comtesse de Ségur (1799-1874),
Quel amour d'enfant, 1867

« Notre monde est si vieux et a toujours été si plein de misères qu'il n'y a guère ici-bas de douleurs très neuves. »

Gustave Flaubert (1821-1880), *Correspondance*, avril 1846

Vilain

« [...] serait-ce modestie, est-ce ingratitude ? Quoi qu'il en soit, le cas est vilain. »

Crébillon père (1674-1762), Lettre à Évrard Titon du Tillet (1672-1762), 28 mai 1726

Vin

« Tous les vins de France ont trouvé [...] des poètes pour les chanter, des buveurs pour les vanter si ce n'est cependant le vin de Brie que tout le monde a honni et maltraité, à commencer par Boileau [...]. »

Albert de La Fizelière (1819-1878), *Vins à la mode et cabarets au XVIIe siècle*, 1866

« Je consens de bon cœur pour punir ma folie / Que les vins pour moi deviennent vin de Brie », écrivait dans la satire III Boileau (un patronyme qui de toute façon n'incline pas franchement vers le jus de la treille…).

Un vin de Brie était un vin « aigre, dégoûtant, rude, désagréable à boire »… un « vin à faire danser les chèvres » que l'on retrouvait jusque dans les chansons populaires : « Mais tout vin est vin de Brie / Quand on boit avec un fat ».

Le Vin de Paris

Recueil de nouvelles (Gallimard, 1947) de Marcel Aymé (1902-1967)

Violon

« Il se disait à lui-même, en tenant son violon serré contre son cœur : "Ah ! si seulement Beethoven pouvait venir me sauver !" »

Claude Ansgari (1947-), *L'Orchestre des étoiles*,
Éditions La Part commune, 2003

Viser

« Bob ne l'avait pas vue et il prit du retard pour viser la bête. »

Rodolphe Ourcet, *Plague*, Éditions Baudelaire, 2020

(La baiser vite.)

Vivre

« Quel mal peut et veut faire aux hommes celui qui vit seul ? »

Jean-Jacques Rousseau (1712-1778), *Rousseau juge de Jean-Jacques*, 1780

* « Je vis aux champs ; j'aime et je rêve ;
Je suis bucolique et berger ;
Je dédie aux dents blanches d'Ève
Tous les pommiers de mon verger. »

Victor Hugo (1802-1885), *Les Chansons des rues et des bois*, 1866

« Qui dit campagnard dit chasseur ou braconnier. On ne vit point aux champs sans tirer sur la plume ou le poil. »

Anatole France (1844-1924), « Propos de rentrée », *La Vie littéraire*, 1888

Vœu

« Le sort de tous nos vœux se joue ;
Et la vie est comme la roue
D'un char dans la poudre emporté ! »

Victor Hugo (1802-1885), *Les Chants du crépuscule*, 1835

Voix

« La voix d'Ulysse tonne [...]. »

Hélène Montardre (1954-), *Le Dernier Combat d'Ulysse*, Nathan, 2014

Vol

« Vous me demandez ce que j'entends par cette proposition : "la propriété c'est le v/ol" [...] ? »

Pierre-Joseph Proudhon (1809-1865), Lettre à Nicolas Villiaumé, 24 janvier 1856

Y

Pleurer les yeux ferm/és

Roman (autoédition, 2020) d'Étienne Minier

Les yeux fermés / Les œufs fermiers.

Décryptage des contrepèteries que recèle la préface

Préface épurée

Ce florilège, joli flair, du contrepet littéraire est une somme. Un Lagarde et Michard de l'antistrophe, mot jamais avili cher à Rabelais. Catherine Guennec, l'auteure de cette anthologie que les Muses habitent, est une orpailleuse hors pair de contrepèteries discrètement ou accidentellement lovées chez maints auteurs.

Ainsi, Pierre Corneille, connu pour la fameuse homophonie que recèle *Polyeucte* : « Et le désir s'accroît quand l'effet se recule », ne craint pas d'écrire dans *La Suivante* : « Mon courage bouillant ne se peut contenir [...]. » Oui, c'est bien une contrepèterie (pudiquement décryptée dans le livre). Mais le solennel dramaturge s'en est-il aperçu ? La question se pose pour toutes les équivoques jaillies des célèbres plumes que rassemble cet ouvrage. Sont-ce des contrepets du hasard ou des clins d'œil aux mânes d'Alcofribas Nasier ?

Le saura-t-on un jour ? Qu'importe ! Volontaire ou non, quelle joie de débusquer chez Bossuet « chaque chute creuse sous vos pas de nouveaux abîmes ». Magnifiée par la pensée troublante de l'illustre prélat, la chute ne peut être que sacrée. Et l'abîme tordu ? Le bon Jacques Bénigne fut-il fêlé par la tentation et usa-t-il de verbes en joie ? Si oui, il se réfugia dans quelque entresol pour se confesser. Et s'il a équivoqué en toute innocence, son contrepet n'en est que plus pimenté.

Contrepétulantes, contrepétulants, dévorez ce volume qui est bien plus qu'une mine de perles. C'est un véritable dictionnaire contrepétillant. Un vrai glossaire à l'envers.

Car les citations sont rangées par ordre alphabétique des mots contrepétogènes : la fête commence par « Abriter », avec une citation d'Hugo (le grand Victor proposa-t-il à une pasionaria des barricades de 1830 une amb/assade pour l'abriter ?) et s'achève avec « Yeux » : *Les Yeux fermés*, roman d'Étienne Minier, deviennent « Les œufs fermiers ». En évitant la poule qui mue…

Au mitan du livre, l'entrée « Pédant » cite Fé-nelon (et pas : nœud félon) : « Mais j'en fus bientôt dégoûté ; ils étaient pédants […]. » On pense aussitôt à Cyrano de Bergerac, auteur de la comédie *Le Pédant joué*.

En définitive, ce roboratif recueil s'adresse aux contrepéteurs et contrepétrices confirmé(e)s mais aussi débutant(e)s. Et plus généralement à toutes les personnes férues de belles-lettres, lettres qu'on pétrit (les contre pèt'ries) grâce à l'art de décaler les sons que débitent nos bouches.

Joël Martin, Comtesse de l'Album du *Canard enchaîné*

Bibliographie succincte

Jacques ANTEL[8], *Ceux que la Muse habite*, Mille et Une Nuits, 2005

Jacques ANTEL, *Le Contrepet quotidien*, Ramsay-Pauvert, 1990

Luc ÉTIENNE[9], *L'Art du contrepet*, Pauvert, 1957

Armelle FINARD, *La Contrepèterie pour tous*, Plon, 2002

Joël MARTIN[10], *La Bible du contrepet*, Robert Laffont, 2003

Joël MARTIN, *Manuel de contrepet, l'art de décaler les sons*, Albin Michel, 1986

---

8 Jacques Antel, expert en contrepèterie, régent de la chaire de Contrepet du Collège de Pataphysique depuis avril 2020, alimenta longtemps la célèbre rubrique du *Canard enchaîné* (l'Album de la Comtesse).

9 Luc Étienne : membre de l'Oulipo, inventeur du mot *contrepet*, rédacteur de la rubrique *Sur l'album de la Comtesse*.

10 Normalien (Ulm Sciences), musicien, alpiniste-marathonien dans les temps anciens, physicien à la retraite et contrepéteur en activité, Joël Martin est titulaire de la chaire de Contrepet du *Canard enchaîné* depuis bientôt 38 ans. Il en anime *Sur l'album de la Comtesse*, recueil hebdomadaire de contrepèteries d'actualité et a publié 24 livres dans sa spécialité.

Joël MARTIN, *La Contrepèterie pour les Nuls*, First Éditions, 2014

Joël MARTIN, *Le Dico de la contrepèterie*, Le Seuil, 1997

Joël MARTIN, *La Contrepèterie*, Que sais-je, PUF, 2005

Christian MONCELET, *La Grammaire parallèle*, Chifflet, 2012

Christian MONCELET, *Les Mots du comique et de l'humour*, Belin, 2006

Jacques ONCIAL, *Le Trésor des équivoques, antistrophes et contrepèteries*, Gélatopolis, 1909

Louis PERCEAU, *La Redoute des contrepèteries*, C. Briffaut, 1934

Étienne TABOUROT, *Les Bigarrures du seigneur des Accords*, Librairie Droz, 1986